Sarinah Aurelia

Seelenverträge Band 6

Die Zeit der Rosenblüten

Impressum

Bitte fordern Sie unser kostenloses Verlagsverzeichnis an:

Smaragd Verlag
In der Steubach 1
57614 Woldert (Ww.)
Tel.: 02684-97848-10
Fax: 02684-97848-20
E-Mail: info@smaragd-verlag.de
www.smaragd-verlag.de

Oder besuchen Sie uns im Internet unter der obigen Adresse.

Deutsche Erstausgabe: Juni 2013
Dritte Auflage: September 2013

Umschlaggestaltung: preData
Satz: preData
Printed in Czech Republic
ISBN 978-3-95531-004-2

Sarinah Aurelia

Seelenverträge Band 6

Die Zeit der Rosenblüten

Smaragd Verlag

Inhalt

Vorwort

Der Weg ist das Ziel, die Reise aber wird nie zu Ende sein. Wenn wir lebendig an dem Ort, den wir Himmel nennen, angekommen sind, ist unsere weitere Entwicklung tatsächlich ewig. Doch können wir das Tempo selbst bestimmen und an Orten verweilen, die uns besonders gefallen.

Was aber passiert genau mit unserem Körper? Der physische Körper verliert an Dichte und wird kristallin. Das wussten Sie aber bereits. Doch warum scheint dieser Prozess erst einmal in die Gegenrichtung zu gehen?

Viele Lichtarbeiter haben in dieser Zeit das Gefühl, dass ihr Körper sich eher noch mehr verdichtet, schwerer wird, und nicht umgekehrt. Was also tun, damit der Lichtkörper sich optimal bilden kann? Wie können wir jetzt unser Leben leichter machen und unsere Träume leben? Warum ist eine hohe eigene Schwingung so wichtig? Dazu später mehr.

Warum führen uns die Mentoren nicht einfach anhand unseres Seelenplans? Ja, wir haben vor der Geburt gewählt, doch besitzen wir den freien Willen, und an diesen müssen unsere Mentoren sich halten, denn die Erde ist ein Erfahrungsplanet, und genau darum sind wir hier: um uns zu erfahren.

Wir sind Leuchtfeuer für andere, was erklärt, warum sich viele Menschen in Berufen befinden, die sie eigentlich längst aufgeben wollten, weil sie sich nichts sehnlicher wünschen, als in ihre Lebensaufgabe zu gehen.

Doch was bringt uns dazu, so auszuharren, obwohl wir offensichtlich darunter leiden?

Der Dienst am Licht hat viele Gesichter, und die stillen Helden sind diejenigen, die an der Brücke stehen, um den Nachfolgenden zu helfen, die sonst womöglich bis zum Zykluswechsel nicht einmal erwacht wären!

Was ist denn nun der Tag der Erklärung beziehungsweise der Erstkontakt? Da sich Himmel und Erde mittlerweile berühren, wird das Band zwischen uns immer kürzer, und wir erinnern uns: Ein Teil des Bandes halten wir in der Hand, am anderen Ende sind wir EINS! Das Band der Liebe hält die Welt, ein unsichtbares Band aus höchstem Licht.

Viel Freude beim Lesen.
Sarinah Aurelia

(Anmerkung von Sarinah: In diesem Buch befinden sich kurze Text-Ausschnitte, die ich aus meinem Blog

http://marix-sirius.over-blog.de/articles-blog.html

übernommen habe.)

Das Galaktische Zeitalter

Wir grüßen euch, wir, die Geistige Welt, die hier als Gruppe spricht. Wir sind eure Geistführer, Engel, Mentoren, Aufgestiegene Meister und Sternenfamilie. Es ist uns eine Ehre, wieder durch dieses Medium zu sprechen. Herzlich willkommen, seid gesegnet, die ihr das lest. Welche Freude, euch anhand dieser Schriften begleiten zu dürfen.

Wir wissen, wer du bist, wir erkennen dich an deinem Seelenstrahl. Wir wissen, wer diese Zeilen liest. Wissen, wie es dir ergangen ist. Sei gegrüßt, Freundin und Schwester, und sei gegrüßt, Freund und Bruder. Und wir nehmen dich an die Hand und führen dich hoch, geleiten dich weiter in die Neue Zeit.

Herzlich willkommen im Galaktischen Zeitalter! Die Zeit der Rosenblüten, der Verschmelzung von Mutter Gaia und der Geistigen Welt. So entsteht neues Bewusstsein. So entsteht Heilung von innen nach außen. Im Kleinen wie im Großen. Das Symbol der Zeit der Rosen sind zwei sich berührende Kreise. Dies könnt ihr in Vollmondnächten sehen. Der Mond sieht mit seiner Aura aus, als wären es zwei Kreise, die miteinander verschmelzen.

Ihr befindet euch nun in der Zeit der Blüten, die Zeit des göttlich erwachten Menschen, der galaktischen Verbindungen. Wir fragen euch jetzt: Wie geht es euch? Wie ist es dir ergangen? Fühlst du nicht Erleichterung? Wie ist es aus menschlichem Ermessen, wenn Himmel und Erde zusammenwachsen? Ja, nun haben wir einmal Fragen, weil es dein Nachdenken anregt. Wir stupsen dich auf ein besonderes Thema. Merkst du es?

Der Nebel befindet sich nicht mehr um dich herum, sondern hinter dir. Ja, du hast die Dualität bereits verlassen. Die Dichte, das Vergessen, ist nur noch Erinnerung. Was bedeutet göttlich erwachter Mensch auf Erden? Das Höhere Selbst wird EINS mit dir, du lebst all deine kosmische Kraft im JETZT auf Erden.

Das ist einer der Gründe, warum du inkarniert bist, weil du deine alten Freunde aus vergangenen Leben wiedertriffst und deine innere Kraft voll leben darfst. Erinnerung tritt ein. Alles Goldene, was in dir ist, erblüht und öffnet sich.

Was aber passiert, wenn ihr in alte Muster zurückfallt? Dann seid ihr plötzlich wieder im Nebel, in der Dualität. Wenn euch alte Muster einholen, um gelebt zu werden, damit ihr erkennt, was loszulassen ist. Dann knallen Türen zu, die eigentlich schon offen waren, und ihr fühlt die Materie wieder stark im Körper. Es fühlt sich zäh und schwer an. Ihr rutscht ab, und die Menschen um euch beginnen euch zu spiegeln. Diese Spiegelungen sind für euch zwar unangenehm, aber sehr wichtig. Denn die Seelenfamilie zeigt euch so euren Weg. Spiegelungen sind der Kontakt zum Seelenplan.

Wir wissen, wer diese Zeilen liest, wir wissen, wie anstrengend dein Weg manchmal für dich war. Wir wissen, wie raffiniert die Schattenangriffe des Egos waren, wie müde es dich gemacht hat, nach Schwingungsschwankungen aufzustehen. So hast du oft gedacht: Wo ist mein Engel, wo sind meine Freunde? Doch wir waren niemals weg, einige konnten uns nur nicht mehr spüren, weil sie die Müdigkeit gepackt hatte oder ihr Ego sagte: „Immer werde ich verlassen, immer werden Versprechungen nicht eingehalten." Wir verlassen dich nie, wir waren und sind immer da! Darum sind diese Bücher entstanden, sie führen euch die Stufen des Erwachens sicher nach oben. An unserer Hand. Ja, du bist nicht allein, sondern immer verbunden mit der ALL-EIN-HEIT.

☆☆☆☆☆

Die Welten vereinigen sich

Im Kleinen wie im Großen. Es hat längst begonnen in dir, dein Licht scheint hell nach außen. Dies wurde in den Seelenverträgen oft erwähnt. Aber was bedeutet das? Die zwei Welten vereinigen sich, Himmel und Erde werden EINS.

Es entsteht neues, nie da gewesenes Leben, und es entsteht eine neue Erde. Die Autorin schrieb dies auf, ohne dass ihr bewusst war, welches Geheimnis sich in diesen Zeilen versteckt. Selbst sie ahnte zu diesem Zeitpunkt noch nicht, welche Größe darin enthalten ist. Ihre Erinnerung an die Absprachen in Liebe erwachte, während sie schrieb.

Lady Gaia erhält ein Geschenk. Von uns, der Geistigen Welt, und von euch, den Erdenengeln, die so viel für den Aufstieg getan haben. Unsere Erde bekommt neues Leben eingehaucht, sie verjüngt sich und steigt unentwegt auf, was für euch bedeutet, dass die Quellen wieder heilen. Heilige Wasser werden neu entstehen, und in Lourdes wird Maria wieder erscheinen. Die Selbstheilungskräfte des Körpers funktionieren so perfekt, dass sogar Krankheiten geheilt werden, die chronisch oder früher tödlich waren. Warum? Nun, durch die hohe Lichteinstrahlung der zentralen Sonne sind eure Chakren im Idealfall zu 100 Prozent aktiviert. So könnt ihr mehr Heilenergie aufnehmen, und diese wirkt sich positiv auf eure Organe und Zellen aus. Dies, um nur einige Beispiele zu nennen.

Es *entsteht Neues*, bedeutet: Diese Zeit und ihre Wunder waren noch nie da.

Habt ihr schon einmal mit einem Engel gelebt? Hattet ihr Freunde von benachbarten Planeten? Hattest du liebevolle Führung von der Sternenfamilie, die dir das Lichtschiff zeigte, auf dem du einst selbst gelebt hast? Hast du jemals einen Wunsch ausgesprochen, und sofort war der Wunsch Realität? Bist du jemals deinen geistigen Mentoren im Café begegnet? Hast du schon einmal Spontanheilung erlebt, an dir oder an anderen? Erhältst du regelmäßig Einladungen zum Tee von unseren Freunden von Arkturus, Sirius oder Venus? Haben deine Füße die hohe Energie von Gaia schon gespürt? Hast du bemerkt, was dann mit deinen Lymphen geschieht? Warum laufen eure Kinder so gerne barfuß? Warum verhalten sich die Tiere plötzlich anders und kommen sogar zu euch in die Stadt? Ist es nicht verwunderlich, dass Vögel sich viel am Boden aufhalten und sie, wenn ihr näherkommt, nicht davonfliegen? Warum haben Schmetterlinge eine neue Zeichnung auf ihren Flügeln und treten an bestimmten Orten in Scharen auf? Hast du die Lichtsäulen gesehen, die geradezu aus dem Himmel zu kommen scheinen?

Einige Sätze und Worte werden bewusst immer wieder wiederholt, weil eure Seele diese erkennt und so anfängt, sich zu erinnern. An das, was ihr gewusst habt, als ihr klein wart. Was ihr vor dieser Inkarnation gewusst habt.

Wir wissen, wie es dir geht und wie du dich fühlst. Weitgereiste Erdenseele, voller Enthusiasmus losgerannt, dazwischen immer wieder Phasen der Erschöpfung, und nun bist du voller Freude und ungeduldig. Wir flüstern dir zu: ALL-ZEIT-IST-JETZT-NIBIRU-NIBIRU. Deine Seele erkennt den Kode. Sie weiß und erkennt: ES IST. Die Welt geht nicht unter, sie entsteht vollkommen neu.

☆☆☆☆☆

Das Zeitgefüge auf Erden geht

Maha Cohan meldet sich zu Wort, Aufgestiegener Meister und Mentor, Wächter der goldenen Krone aus Lemurien.

Ich, Maha Cohan, grüße dich und freue mich, dass du dich wieder hier eingefunden hast.

Nun, unser aller Gaia wird noch höher schwingen, und sie hat sich verjüngt. Das alte Zeitgefüge bricht auf.

Gaia muss sich davon befreien, weil sie sonst immer wieder welken würde. Wenn sie aufhört zu altern, tut ihr das auch. Es ist ein Geschenk von ihr an euch Erdenkinder.

Die Zeit ist irrelevant, denn die Zeit seid ihr. So musst du nicht mehr warten. Das Altern hört auf, und dein Körper hat wieder Kraft für wesentliche Dinge.

Natürlich gibt es weiterhin Uhren auf Erden. Doch diese diktieren nicht mehr euer Leben und bestimmen nicht mehr eure Zeit.

Verstehst du, was dir Maha Cohan sagen will? Im Kleinen wie im Großen. Es fängt bei dir an.

Ihr seid selbst Aufgestiegene Meister und Engel und in der geistigen Heimat hoch geehrt.

Damals hast du niemals auf etwas, das du gebraucht oder dir gewünscht hast, gewartet, es war sofort da.

Nun, die Erde schwingt im Einklang mit der geistigen Heimat. Du bist mittlerweile bewusster als jemals zuvor.

Warum haltet ihr an der Zeit fest? Lasst diese Intervalle frei, dann müsst ihr nicht mehr warten. Wenn ihr also die Zeit seid, warum wartet ihr dann?

Es fängt bei dir an, es liegt in deiner Hand. Deine Hand sind viele Hände, und viele Hände sind die Welt.

Ich, Maha Cohan, habe in Band 5 die lemurischen Energien in dir geweckt und verankert. In Lemurien warst du völlig frei und kanntest den Druck der Zeit nicht.

Warst du damals arm, krank oder unglücklich, ohne Liebe? Nein, im Gegenteil! Es war deine erste und allerschönste Inkarnation.

Es dankt und verabschiedet sich von dir
Maha Cohan.

☆☆☆

Erzengel Chamuel meldet sich zu Wort:

Ich bin Erzengel Chamuel und begrüße dich in Namen der Räte des Zwölften Tors. Man nennt mich auch den Engel der Liebe.

Ich bin gekommen, um denjenigen, die immer noch auf die Liebe und die Berufung warten, zu sagen:

Das Warten hört auf!

So kann sich die Liebe endlich befreien und zu dir kommen, denn Lady Gaia durchschreitet die Intervall- und Datumsgrenze.

So kann dieses Gefüge von uns transformiert werden, nachdem ihr es erkannt und losgelassen habt.

Erst dann dürfen wir es für euch entfernen, wie ihr ja inzwischen wisst.

Avatar der Erde, hochgeachtet in der geistigen Heimat: So, wie du Luzifers Egoenergie bei dir erkannt und losgelassen hast, solltest du nun mit der Zeit agieren.

Im Kleinen wie im Großen.

Wie unser Freund Maha Cohan so schön sagte: Erst ein Mensch, dann viele Menschen und schließlich die Welt.

Du möchtest eine praktische Anleitung zu dieser Aufgabe? (Chamuel lacht).

Dazu meldet sich später Maris, unser Freund von der galaktischen Föderation des Lichts.

Ich danke und verabschiede mich. Seid gesegnet und mit tiefer Liebe erfüllt.

Erzengel Chamuel

☆☆☆☆☆

Die Kinder der Neuen Zeit

Und wir flüstern dir zu die Worte: Indigo, Kristall, Stern, Regenbogen, Delfin – die Kinder der Neuen Zeit, die Erbauer des Neuen Zeitalters. Die Kinder der Kinder und wiederum deren Kinder.

Delfin, Regenbogen, Stern, Kristall und Indigo – welch Klang in diesen Worten – klar, sanft, verspielt, edel, großzügig, naturliebend, verträglich, verbindend, freudig, klug, neugierig, geduldig, friedliebend, gerechtigkeitsliebend, mutig, durchsetzungsfähig, stark, Regeln aufbrechend, vorausschauend, Spiegel für das Umfeld, Missstände aufbrechend.

All das sind eure Kinder – Engelwesen, die gekommen sind, damit auch ihr in der Lage seid, eure Flügel zu spüren und einzusetzen. Sie sind freiwillig wiedergeboren und haben sich ihre Eltern ausgesucht. Sie verbinden euch mit der geistigen Heimat und erinnern daran, dass die Erde sich verjüngt und die Welten, die immer getrennt waren, EINS sind. Sie sind gekommen, um mit ihrem Licht die Erde zu erhöhen und auf Missstände aufmerksam zu machen. Geboren, damit sich die Menschen respektieren und vertragen, damit die Welt wieder liebevoller, bewusster und friedlicher wird.

Die Kinder des Goldenen Zeitalters sind hier, damit Krieg, Hass, Zorn, Lieblosigkeit, Ego, alte Schulsysteme, Geldgier, Betrug, Stress, Zeit und Ungerechtigkeit von Lady Gaia transformiert werden können. Wenn sie auf solche Missstände treffen, machen sie die Erwachsenen darauf aufmerksam. Verhaltensauffällig sind eure irdischen

Engel keineswegs. Sie machen euch nur auf etwas aufmerksam, das der alten Zeit obliegt.

Wären die Kinder der Neuen Zeit nicht auf Erden, hätte es diesen Aufstiegsprozess der Welt nicht gegeben. Darum achtet und liebt eure Kinder, sie sind eure Schätze und waren lange Zeit das Verbindungsglied zwischen Gaia und dem Himmel.

Wir wissen, wie ihr euch fühlt, wir wissen, wie gerne ihr mehr Zeit für eure Kinder hättet. Wir bitten euch trotzdem: Nehmt euch die Zeit, und hört ihnen zu. Spielt mit ihnen. Drückt sie nicht in einen straffen Tagesplan, wie ihr in habt. Eure kleinen Engel sind ja gekommen, um genau dieses aufzubrechen.

Verstehst du, verstehst du jetzt? Die Kinder und die Kinder der Kinder und wiederum deren Kinder. Ja, auch du bist ein Kind der Neuen Zeit. Wir wissen, wer das liest, wir wissen, wer du bist. Wir erkennen dich an deinem Seelenstrahl, der in all deinen Inkarnationen gleich war und strahlend hell leuchtete.

Kristall, Stern, Indigo – du bist mit einem Auftrag gekommen, und wir flüstern dir zu: Erinnere dich, erinnere dich jetzt. Einhörner, Elfen, Feen, Engel, das Weltall und die Bewohner.

Diese geheimnisvollen Welten öffnen sich euch wieder. Die Kinder der Neuen Zeit besitzen den Schlüssel dazu in ihrem Herzen. Tretet mit ihnen ein! Tretet ein und staunt, es war und IST IMMERDAR. Ihr hattet nur den Zugang verloren, der Schlüssel dazu heißt: DIE LEICHTIGKEIT DES SEINS.

Einige Worte und Satzpassagen werden bewusst von uns wiederholt. Dein Inneres Kind erkennt den versteckten Kode darin. Deine Seele weiß warum, sie weiß es…

☆☆☆☆☆

Die Delfinkinder des galaktischen Zeitalters

Delfinkinder kommen wie ihre Vorgänger freiwillig auf die Welt. So haftet an ihnen kein Karma, und sie sind nicht allein. Es bestehen Absprachen, die entstanden sind, um die Kinder abzusichern. So haben sie in ihrem Seelenvertrag verankert, dass sie in die Seelenfamilie hineingeboren werden, mit der sie schon einmal ein Leben hatten und in der kein Karma mehr besteht.

Delfinkinder kommen mit dem Auftrag, die Liebe und den Frieden auf Erden zu manifestieren, das Zeitfenster zu den Galaxien offenzuhalten und euch durch ihr Sein zu mehr Bewusstheit zu verhelfen. Sie öffnen und erinnern euch an die geheimnisvollen Welten der Einhörner, Elfen, Feen, die Familie im Inneren der Erde und die der befreundeten Planeten.

Delfinkinder haben eine niedrige Körpertemperatur und vertragen keine Hitze. Sie lieben das Wasser und halten sich schon als Babys gerne darin auf. Schon im Mutterleib animieren sie ihre Mütter, viel zu baden, schwimmen zu gehen oder sich am Wasser aufzuhalten. Man spürt ihre friedvolle Schwingung schon lange vor ihrer Geburt und erkennt sie an ihrer nach vorne gewölbten Stirn und der fröhlichen Leichtigkeit, die sie verbreiten.

Sie besitzen die Fähigkeit, ihr Umfeld ohne Spiegelung an ihren Seelenvertrag zu erinnern.

Delfinkinder gehören der Gruppe der **Seraphim** an und sind ständig mit den Schöpferengeln in Verbindung. Sie sind von Geburt an erwacht und bleiben es auch, das heißt, die Dualität, der Nebel des Vergessens, ist ihnen fremd. Sie besitzen ein kristallines Gen und somit die Möglichkeit, ihre Zellen zu verjüngen, die Selbstheilungskräfte zu aktivieren und mit Wesenheiten der befreundeten Planeten und der inneren Erde zu kommunizieren. So verbinden sie euch mit der Welt dieser Planeten und deren Angehörige. Delfinkinder sind die Verbindung zum Weltall, denn sie hatten alle ein Leben auf Sirius.

☆☆☆☆☆

Marix von Sirius

Mein Name bedeutet der „Erfrischende“. Marix grüßt euch.

Ich bin ein Angehöriger der befreundeten Föderation des Lichts. Meine Heimat ist der Planet Sirius, und es ist mir eine Ehre, mit euch über das Medium Sarinah Aurelia sprechen zu dürfen.

Welch ein Geschenk die Erde erreicht hat. Die Delfinkinder dürfen zu euch kommen. Welch großes Geschenk nicht nur für die Eltern, sondern für die ganze Welt.

Ja, diese Kinder haben eine lemurische Vergangenheit, aber sie tragen auch die galaktische Energie in sich.

Wir sprachen davon, dass das WELTALL sich mit euch verbindet, sich zeigt. Nun kommen unsere Kinder zu euch (Marix lacht).

Nur ein Zeichen von vielen. Unsere Energie ist längst unter euch, und bereits viele Menschen können uns wahrnehmen und sehen.

Wir aus Sirius sind sehr friedliebend und allem, was den Geist hebt, gegenüber aufgeschlossen. Das Ego ist uns fremd. Wir sind den Schattenenergien nicht ausgesetzt.

Wir studieren die Menschen und finden gerade ihre Lernerfahrungen und Emotionen sehr interessant und liebenswert.

Hast du dich schon einmal gefragt, warum du diesen Weg gehst? Den Seelenaufstieg, wie ihr Menschen es nennt?

Welche Besonderheit steckt dahinter? Oh ja, du hast es in diesen Büchern gelesen. Doch jeder Mensch hat einen Auftrag, einen bestimmten individuellen Grund, warum er in die Neue Zeit gehen wollte.

Warum bist du hier? Warum liest du diese Schriften? Warum hast du den durchaus steinigen Weg des Seelenauftrags auf dich genommen?

Na, erinnerst du dich?

Marix steht hinter dir, während du diese Zeilen liest, und legt dir liebevoll seine Hand auf die Schultern.

Ja, dein Herz sagt dir gerade, warum du gekommen bist. Den Sinn deines Lebens. Dein individueller Auftrag.

Während du dieses liest, fließen Energieströme, bekannte Energien deiner alten Heimat, durch deinen Körper.

Erinnern möchte ich auch daran, dass jeder Kontakt zur Göttlichkeit, zum URSPRUNG, in dir ein Licht leuchten lässt. Je mehr du also Kontakt suchst, zum Beispiel zum Höheren Selbst, umso mehr leuchtest du.

Von diesem Leuchten bleibt immer ein bisschen in dir zurück. Ein göttliches Geschenk.

Denn Licht bedeutet Leichtigkeit, Fülle, Liebe und Frieden. Danach sehnt sich dein Herz doch so.

Ich danke und verabschiede mich. Es war mir eine Freude.

Bis später.
Marix von Sirius

Was tun, wenn ein Seelenpartner auf sich warten lässt?

Was tun, wenn ein Mensch aus der Seelenfamilie vermeintlich festsitzt? Wohin geht der Weg, wenn ihr scheinbar im Kreis geht? Wenn ihr keinen Erfolg seht und euer Leben sich nicht verändern will? Ihr werdet ungeduldig, der Seelenaufstieg hat begonnen, ihr seid sogar weit gegangen. So fühlt es sich an, aber nichts passiert...

Ihr wartet auf den neuen Arbeitsplatz, das Wirken, die Liebe. Euer Leben scheint geradezu stillzustehen, während um euch die Menschen weitereilen. Wieso?, fragt ihr euch.

Die Dinge sind nicht so, wie sie scheinen. Wir helfen euch, um auch hier Klarheit zu finden.

Wir, die Geistige Welt, flüstern dir zu: Es ist nicht nur dein Kreis, in dem du dich befindest. Es ist nicht nur dein scheinbarer Stillstand, sondern auch der deiner Seelenfamilie.

Ihr steuert also auf wichtige Eckpunkte eures Seelenvertrags zu. Zum Beispiel die Liebe, der gemeinsame Weg, das Wirken. Euer Seelenpartner aber ist noch nicht so weit. Er sieht sich wichtige Erkenntnisse immer wieder an, steuert wichtige Lernaufgaben immer wieder an, weil sie beim ersten Mal nicht erkannt wurden und ohne sein Erkennen euer gemeinsamer Weg nicht möglich wäre.

Da ihr eine Seelenfamilie seid, wartet ihr instinktiv auf den Seelenpartner. Bestimmte Situationen wiederholen sich immer wieder. Diskussionen mit Arbeitskollegen, der Partner kann seine Liebe zu euch nicht zeigen und leben usw. Selbst eure Kinder scheinen euch immer wieder das Gleiche zu spiegeln, im Berufsleben tauchen dauernd die gleichen Probleme auf.

Ungeduld stellt sich bei dir ein. Unzufrieden beobachtest du dein Leben, deinen Kreis, und siehst, dass sich scheinbar nichts bewegt. Du fragst dich, was du verändern kannst.

Ihr habt in eurem Seelenplan für diesen Fall eine besondere Vereinbarung getroffen. Eine Vereinbarung mit euer Seelenfamilie, die lautet: scheinbare Trennung. Das heißt, Lebensabläufe, die sich im Kreis drehen, verändern sich, wenn ihr in die Absicht geht. Wenn ihr die Dinge löst, die euch so schwer auf der Seele liegen. Warum wartest du? Das Zauberwort heißt: Eigenverantwortung.

Um etwas, das ihr euch wünscht, zu erfüllen, geht bitte aus der Wertung und Erwartungshaltung und schaut euch die Dinge aus der Entfernung an. Das Zauberwort heißt: Loslass-Energie!

Da ist jemand in eurer Seelenfamilie, der sich immer wieder um die eigene Achse drehte, weswegen ihr auch nicht weiterkamt, und zwar wegen wichtiger Eckpunkte.

Diese Person wird spüren, dass ihr voranschreitet, und so folgt sie euch nach. Denn eine weitere Vereinbarung in eurem Seelenplan lautet: Die Inkarnationspartner bleiben zusammen, auch wenn eine scheinbare Trennung eintritt.

Versteht ihr es? Versteht ihr es jetzt? Die Trennung, der Verlust, ist eine Illusion. So gut habt ihr euch abgesichert und nichts dem Zufall überlassen. Zufälle gibt es nicht, und die Dinge sind nie so, wie sie scheinen. Geht bitte voran und schaut nicht zurück, denn wenn ihr wartet, setzen unangenehme Spiegelungen eurer Liebsten ein.

Sie schubsen euch genau dort hinein, wo die Ängste sind, damit diese gelebt und von den geistigen Mentoren transformiert werden können.

Wir wissen, wie es dir geht, wir wissen, wie lange dein Weg bis jetzt war. Wir wissen von all deinen Inkarnationen, die die Vorbereitung auf diese Epoche waren, die neue Galaktische Zeit. Wir wissen es…

☆☆☆☆☆

Wenn alles stillzustehen scheint

In eurem Leben bewegt sich nichts. Ihr wartet auf eure Belohnungen, aber die nächsten Ziele tauchen nicht auf.

Wir bitten euch: Haltet aus, denn Gaia muss transformieren, damit ihr weitergehen könnt. Ihr Lichtwesen der Neuen Zeit seid vorangeeilt – voller Freude und Elan. Ihr wusstet innerlich, dass es für gewisse Wegpassagen Schwung braucht.

Nun ruht euch aus, nutzt die Stille und geht in die Kraft. Lasst los, was noch loszulassen ist. Diese entstehende Leichtigkeit braucht ihr für den nächsten Anstieg, der enorm sein wird.

Darum geht und schleudert geradezu alles von euch weg, was beschwert. Alte Muster, Traumen, Ängste, Denkstrukturen und sogar Freunde, die euch bis hierher begleitet haben, wenn das Loslassen in den Blaupausen des Lebens steht, die Schwingung unterschiedlich ist oder der Energieausgleich nicht stimmt. Dann verhalten sich eure Mitmenschen scheinbar negativ, damit ihr sie leichter loslassen könnt. Das heißt, zum Beispiel der Freund oder der Ehepartner benimmt sich plötzlich unmöglich. Er spiegelt euch mit diesem Verhalten: Die Zeit ist gekommen, geh bitte von mir weg, sonst kommst du auch nicht weiter. Diese Energien werden immer heftiger, sodass ihr schließlich das tut, was im Seelenplan verankert ist.

Doch wir bitten dich: Nutze deine Kraft, vertraue. Deine neue Seelenfamilie ist auf dem Weg, so wie du.

Deine Müdigkeit, deine scheinbare Leere ... all das unterliegt dem Lichtkörperprozess. Es entstehen Lichtkörpersymptome: Einsamkeit, Leere, Mutlosigkeit, Gliederschmerzen, Depression, Reizbarkeit, Weinerlichkeit, Müdigkeit, Lethargie, Schlaflosigkeit usw. Dies sind Zeichen, dass alte Energien gegen neue Frequenzen ausgetauscht werden. Ein wichtiger Prozess, denn diese hohen Energien halten euch jung und gesund. So verändert sich die DNA. Krankheiten, die euch bis jetzt begleitet haben, gehen plötzlich, und die Selbstheilung des Körpers ist aktiviert. Ihr seid somit mit dem jungen Aussehen und mit eurer Geschichte das Beispiel eines Weckrufs für eure Mitmenschen.

Warum, fragst du dich, habe ich jahrelang eine chronische Krankheit tragen müssen? Diese wurde von dir im Buch des Lebens verankert, um die anderen Menschen wachzurütteln, ihnen deine Erfahrungen weiterzugeben und altes Karma aufzulösen.

Nur wer sich im Kreislauf einer Beschwerde befunden hat, erkennt, wenn sich die Zellen anfangen zu verjüngen und zu regenerieren. Nur wer sich in der Dualität befunden hat, erkennt, wenn sich die Wirklichkeit, die Klarheit, auftut.

Wir wissen, was dein Herz fühlt, wir wissen, wie lang dein Weg bis hierher war. Wir wissen, wer diese Zeilen liest, wir wissen es.

Die Kinder des Lichts

Wo Helligkeit ist, ist Hoffnung.
Wo kein Licht ist, ist keine Hoffnung!

Das Licht, das du trägst, oft unbewusst tief in dir verborgen, um dich zu schützen. Das Licht der Geistigen Welt, das uns verbindet. Es verbindet dich mit uns, die wir hier als deine Geistführer, Mentoren, Engel, Aufgestiegenen Meister und Sternenfamilie sprechen. Dein Licht ist der zündende Funke für andere. Es verbindet Gaia mit dem Himmel. Warum, fragst du dich, bin ich gerade an diesem Ort, warum bin ich nicht schon weiter?

Nun, wir brauchen dich dort, wo du bist, dies ist von dir in der Blaupause des Lebens so verankert. Wir setzten mit Absprache der hohen Lichtwesen viele Lichter verteilt über die Welt, damit alle Städte und Länder für den Aufstieg erreichbar sind. Das geschieht durch die Einstrahlung hoher Energien. Diese Frequenzen erreichen jeden Menschen individuell. Wer hoch schwingt, dessen Körper zieht intensive Einstrahlung an, von euch Menschen liebevoll „Heilstrahlung“ genannt.

Durch sie ist es euch wiederum möglich, euren Auftrag zu erfüllen. So strahlt nicht nur ein Lichtkind, sondern auch die Menschen um dich herum. Jeder individuell für sich. Darum wertet bitte nicht, wenn jemand bis jetzt nicht erwacht ist, denn dieser hat es in der Dualität schwer. Es wird für die untersten Dimensionen immer schwerer, zum Beispiel gesund zu bleiben, glücklich zu sein, genügend

Geld zum Leben zu haben, gute Freunde zu haben und beruflich erfolgreich zu sein.

Die beiden Welten wachsen zusammen. Himmel und Erde werden eins. Diejenigen, die hoch schwingen, müssen dafür nicht erst das Dasein verlassen. In früheren Inkarnationen war es euch nur möglich, die Dimension zu wechseln, wenn ihr den irdischen Tod wähltet. Leichtigkeit entsteht, alles, wonach du dich so gesehnt hast, trifft ein, wenn deine Aussendung diesem Ziel entspricht.

Doch was geschieht mit den untersten Schwingungen? Diese Menschen werden immer von euch beleuchtet, sanft geschubst, um zu erwachen, den Seelenaufstieg zu beginnen oder fortzusetzen. Es werden immer wieder Energien freigesetzt, um diesen Menschen zu helfen. Doch auch wir müssen uns an den freien Willen halten. Wenn eine Seele nein sagt und in der Dualität bleibt, wird sie die Erde verlassen – durch Krankheit, Unfall, Naturkatastrophen usw. Der Weg eines Menschen und wie er ihn geht, ist von ihm selbst im Buch des Lebens verankert.

Es gibt keine Schuld, es gibt keine Zufälle, es gibt keine Fehler.

☆☆☆☆☆

Maris meldet sich zu Wort

Maris grüßt euch mit den Worten OMAR TA SATT. Wie geht es euch? Fühlt ihr euch gut?

Es ist mir eine Ehre, mit euch zu sprechen, denn wichtige Nachrichten warten. Wahrheiten, die in den Herzen derjenigen schlummern, die dieses lesen. So fühlt euch bestätigt.

Ja, es ist wahr! Es gibt eine Kosmische Hochzeit, und diese wird im Leben stattfinden, und es ist das, wonach ihr euch so sehnt. Bedingungslose Liebe und vollkommene Verschmelzung mit der geistigen Heimat, ohne zu sterben.

Die vollkommene Angleichung eurer Energie an die unsere, und damit seid ihr so kraft- und machtvoll wie zum Beispiel ein Engel. Ihr werdet unermesslich geliebt.

Darum diese harten, selbst auferlegten Prüfungen, denen einige Leser ausgesetzt waren und sind. Sie dienen der Vorbereitung, denn diese hohe Verbindung kann nur jemand eingehen, der ohne Ego und Schatten ist – der sich seiner voll bewusst ist und im Zenit seines Bewusstseins steht.

Von der kosmischen Hochzeit wurde euch schon in Band 5 berichtet. Es ist mir eine Ehre, dir, liebes Erdenwesen mitzuteilen, dass dieses Ereignis in deinem Seelenplan steht!

Als Teil deiner Belohnungen, als die größte Belohnung überhaupt für alle deine Strapazen. Maris weiß, was du jetzt denkst. Wie soll das denn gehen, mit einem Engel leben?

Nun, eine kosmische Verbindung, liebe Erdenseele, trennt nicht. Sie will verbinden. Dazu später mehr von meinem Freund Marix von Sirius, der euch erklären wird, wie das Leben mit uns sein wird.

Ich, Maris, der ranghöchste Arkturianer nach Artee, dessen Heimat Arkturus ist, möchte dir sagen: Du hast richtig gefühlt. Auch wir, die Mitglieder der Sternensaat, verbinden uns voller Freude mit euch. So, wie es in eurer Blaupause des Lebens verankert ist.

Lange vor deiner Reise auf die Erde von dir so geplant, im Einklang des komisch-göttlichen Lichts.

Was also geschieht?

Es wird WAHR, wenn du dich vollkommen in der Heilung befindest. Darum die heftigen Auflösungen in der Vergangenheit. Denn nur so ist es möglich, dass die Vereinigung mit der alten Heimat geschieht.

Was also ist eine Kosmische Hochzeit, und wie wird sie gelebt?

Nun, Maris sagt dir: Es ist eine Vereinigung der beiden Welten, des Himmels und der Erde. Vereinigung von dir und deinem Freund und alten Weggefährten aus dem Kosmos, der Geistigen Welt. Diese Verschmelzung geschieht in vollkommener Liebe.

Deine Vorbereitungen darauf waren hart. Maris weiß das. Es ist mir eine große Freude, dir mitzuteilen, dass du nichts verlierst oder verlieren wirst.

Doch zurück zum Thema. Maris schweift gerne ab. Wer ihn kennt, der weiß das. (Maris lacht, er ist während der Durchsagen sehr höflich und charmant.)

Nun, Maris dankt und fährt fort. Die Kosmische Hochzeit ist die Belohnung unter den Belohnungen, denn du darfst die vollkommene Liebe und Vereinigung mit deiner ME-TA-SEELE leben. Das heißt, mit deinem Freund aus früheren glorreichen Zeiten.

Viele von euch waren mit dieser Liebe schon einmal inkarniert, oder aber man kennt sich aus dem Ursprung. Diese Vereinigung ist ein heiliges Ritual und geschieht zum vereinbarten Zeitpunkt und wenn es deine Heilung zulässt. Maris erwähnt, dass solche gesegneten Verbindungen zu diesem Zeitpunkt auch schon gelebt werden.

Durch dieses innige Ritual bist du für immer mit dem Ursprung verbunden und besitzt nun auch dessen Kräfte. Was dir noch nicht ganz bewusst ist, doch es will gelernt sein. Darum achte bitte darauf, was du aussendest. Es kommt alles mit einer Verstärkerenergie zu dir zurück.

Maris betont nochmals: Alles „Alte", das zu diesem Zeitpunkt noch bei euch ist, wandelt sich lichtvoll um. Darum waren im Vorfeld die Ablösungen und das Sammeln von Erkenntnissen so wichtig. Du wurdest praktisch gezwungen hinzusehen.

Diese Verbindung mit der ME-TA-SEELE ist die Vereinigung mit einem Menschen, dessen Seelenstrahl einer der unseren ist. Ein Seelenstrahl aus dem Ursprung, der geistigen Heimat.

Maris wiederholt einige Worte bewusst immer wieder, dies erkennt deine Seele, und höchste ME-TA-Energie fließt durch dich.

So sei es, ihr seid angekommen in der Leichtigkeit des Seins, um die Erhebung von Mutter Gaia mit dem göttlichen Strahl vollkommen zu erleben. Was geschieht bei Verschmelzung? Es entsteht neues Leben. Es entsteht eine neue Erde.

Mit diesen Sätzen will Maris sich nun von euch verabschieden. Ich danke euch. Später werde ich euch gerne wieder von wichtigen Dingen berichten, die momentan geschehen. Damit ihr versteht.

Es war mir eine Freude, mit euch zu sprechen. Liebe Freunde, ihr glaubt gar nicht, wie nahe wir euch sind.

Maris verabschiedet sich.
AN´ANASHA.

☆☆☆☆☆

Weltenlehrer Maitreya: Die Zeichen der Zeit

Die Zeichen der Zeit, die IHN ankündigen!

Bruder und Schwester, Freundin und Freund: Es ist uns, der Geistigen Welt, eine Freude, euch diese Botschaft übermitteln zu dürfen.

Die Zeichen der Zeit sind längst auf der Erde zu sehen. Riesige Bilder in Kornfeldern, weinende Marienstatuen, Milch trinkende buddhistische Götter, Lichtkreise und Lichtkreuze. Wasser, das neue enorme Heilqualitäten hat. Die hellen, blinkenden Sterne am Himmel, die eigentlich keine Sterne sind, sondern Tausende Raumschiffe. Erscheinungen von Mutter Maria an Fenstern und Fassaden. Diese Zeichen sind rund um die Erde positioniert.

Die Welten wachsen zusammen – Himmel und Erde. Die Galaktische Föderation des Lichts kündigte ihre friedliche Ankunft auf Gaia an.

Maitreya, der Christus, ist bereits als Mensch auf der Erde, und er verkörpert alle Religionen. Er wird als Weltenlehrer in der Öffentlichkeit in Erscheinung treten, sodass alle Menschen ihn sehen, hören oder über die Herzfrequenz empfangen können. Ihr werdet von IHM am Tag der Deklaration gefragt, ob ihr bereit seid für die höchste Schwingung, die bedingungslose Liebe und für die Nächstenliebe.

Der Karmische Rat hat beschlossen, dass es später auf der Erde aus Sicherheitsgründen nur noch eine Dimension, die höchste Frequenz, geben wird. Alle anderen

Dimensionen müssen die Erde verlassen, oder sie wandern wie ihr die Stufen des Erwachens hoch.

Versteht ihr jetzt? Die Zeit drängt, denn diejenigen, die nicht lernen wollen und in der Alten Zeit sind, werden eine Art Vakuum erfahren, das heißt, die Heilenergie der göttlichen Quelle und der Erde erreichen sie nicht mehr, so sie dieses durch ihre Wahl ablehnten. Sie werden unweigerlich krank, depressiv, es geschehen Unfälle usw. Ein Auflösen und Lernen in diesem Vakuum ist sehr schwer. Die Türen gehen langsam zu, und das schon seit geraumer Zeit. Natürlich haben diese Menschen auch eine bestimmte Zeitfrequenz, um sich doch noch für den Aufstieg und das Leben zu entscheiden. Nur eine bestimmte Zeitfrequenz, denn die Türen fallen zu.

Wenn Maitreya eines tut, dann achtet er den freien Willen des Menschen sehr genau.

Darum bitten wir euch, setzt euren Seelenaufstieg fort und bleibt nicht stehen. Denn Stillstand bedeutet, dass ihr in der Alten Zeit verweilt. Es wird ständig eine neue hohe Frequenz auf der Erde verankert. „Und wir nehmen euch gerne an die Hand, führen euch hoch und begleiten euch in die Neue Zeit.“

☆☆☆☆☆

So sei es: Ich bin Erzengel Michael

Spirituelle Freundschaften sind wie zwei kleine Bäume im Wald, die nahe nebeneinander wachsen. Wächst einer schneller, verdrängt er den anderen Baum. Ein Bäumchen also würde eingehen. Also sollten sich die Bäumchen in dem Fall trennen, damit jeder für sich die Chance hat, zu wachsen. So können beide groß werden und ihrer Bestimmung entgegenwachsen.

Wenn also die Menschen sich bewusst werden, achten, lieben und teilen, wird Großes entstehen.

Es segnet dich,
Erzengel Michael

☆☆☆

Erzengel Michael:

Ihr seid selbst euer Herr und Meister, König und Königin. Achtet bitte auf das, was ihr aussendet, es kommt tausendfach verstärkt zu euch zurück.

Bettelstab und Goldschatz liegen nahe zusammen, und ihr bestimmt, wie euer Leben wird. Kein Engel kann euch helfen, wenn ihr euch mit eurem freien Willen gegen die hermetischen Gesetze (karmischen Gesetze) entscheidet und dagegen handelt.

Wir müssen warten, bis ihr erkennt, denn wir achten euren freien Willen. In diesen Energien bedeutet es, dass euer Leben sich unmittelbar zum Positiven wenden kann. Dies geschieht, wenn ihr erkennt und eins seid mit dem SELBST. EINS MIT DEM, WAS IST: DER ALL-EIN-HEIT! Dem Kosmos.

So sei es.
In Liebe, Erzengel Michael

☆☆☆

Ich bin, der ich bin und immer war.
So sei es: Erzengel Michael.

Die Reise zurück ins Licht ist besonders für jene beschwerlich, die sich bisher mit Frequenzen umgeben sahen, die eine gewisse materielle Schwere in sich hatten. Nun, diejenigen, die eurer Wirtschaft und Politik vorstehen, gaben sich gerne dem Spiel der Trennung hin.

Doch nun ist es Zeit für sie, zur Quelle zurückzukehren, denn die ehemaligen Kinder der Neuen Zeit drängen in ihre Ämter und lassen nicht los, ehe der neue Gerechtigkeitswind weht.

Was ist also mit den Menschen, die noch in Vibrationen leben, in denen es sogar schwerfällt aufzuwachen? Nun, sie spielen das Spiel der Dualität so lange, bis selbstgewählte Läuterungen einsetzen. Diese Läuterungen sind tatsächlich wegweisend für jene, die dieses Spiel brauchen, um aus dem Kreis der alten Muster, Ängste, Glaubenssätze und Abhängigkeiten herauszufinden.

Urteilt bitte nicht über jene, die scheinbar noch in alten Machtstrukturen verhaftet sind, denn sie brauchen euer Licht, um so wie ihr die Brücke der Erhebung zu beschreiten, sie brauchen tatsächlich mehr Mut und Vertrauen, denn die Lichtarbeiter, die auf diesen Zwischenstationen ihren Dienst verrichteten, sind längst weitergezogen zu ihren nächsten Aufgaben.

So leuchten die Engel und Mentoren den Menschen, die noch nicht richtig erwacht sind, den Weg. Daher brauchen die Nachrückenden absolutes Vertrauen, sonst würden sie das Leuchten nicht erkennen.

Wir halten die Tore auf, und es werden euch viele nacheilen, die ihr bislang als dunkel bezeichnet habt.

In den Reichen des Lichts gibt es keine Trennung, wir beklatschen auch diejenigen, die sich so lange dem Spiel der Dualität hingaben. Denn sie stammen wie ihr aus der Quelle der Einheit. Sendet ihnen bitte Energien der Liebe und nicht Hass, Wut oder Unverständnis, denn so könnt ihr ihre Zuwendung zum Licht erleichtern und den gemeinsamen Zykluswechsel beschleunigen.

Es dankt und verabschiedet sich
Erzengel Michael

☆☆☆☆☆

Deranio von der Venus meldet sich zu Wort

Ich, Deranio, gehöre zur Mannschaft des Raumschiffs NIBIRU. Ich bin euer Lichtbruder und habe eine Nachricht für die Welt.

Die befreundete Föderation der Lichtschiffe meldet sich bei euch. Viele sehen uns fast täglich am Himmel. Unsere Lichtschiffe am Firmament sind zahlreich.

Liebe Erdenmenschen: Wir sind und waren immer eine Familie. Wir helfen den Menschen und dienen der Erde schon lange, säubern die Atmosphäre und greifen ein, wenn die Politiker zu Kriegern werden. Für uns alle, wie Maitreyas Delegation, sind die Karmischen Gesetze bindend. Wir achten euren freien Willen.

Nun, liebe Schwestern und Brüder im Licht, wir bitten euch: Macht uns öffentlich! Sprecht mit euren Mitmenschen über uns. Setzt Zeichen, die zeigen, dass wir uns kennen.

Wie dies geht? Nun, ganz einfach: Setzt im Geist ein Zeichen. Es ist einfacher, als ihr denkt. Ihr kennt das Zeichen der Galaktischen Föderation des Lichts. Der Gedanke ist es, der frei ist und frei macht. So können wir uns vorstellen, in helfender, friedlicher Absicht, und wir kommen im Verbund der Lichtdelegation der Geistigen Welt.

So wachsen die Welten zusammen, und Leichtigkeit geschieht auf Erden.

NIBIRU IST JETZT, NIBIRU IST JETZT!

Es dankt und verabschiedet sich

Deranio, Lichtbruder der Neuen Zeit

Wir sind die, auf die ihr gewartet habt

Wir, die Galaktische Föderation des Lichts, senden herzliche Grüße von dieser Station.

Wie geht es dir? Geht es dir gut?

Es gibt so vieles zu berichten. Fangen wir bei deinem Ursprung an. Du weißt inzwischen von deinen vielen Inkarnationen. Deine Reise ging aber nicht immer nur auf die Erde. Du hattest sogar mehrere Inkarnationen auf anderen Planeten. Was empfindest du bei den Namen Sirius, Maldek, Venus, Arkturus, Centaurus? Woher wir wissen, wer du bist? Nun, wir als Team führten dich zu diesen Büchern – deine Geistführer, Engel und Aufgestiegenen Meister schubsten dich hierher, um dich dem vollständigen Bewusstsein näherzubringen. Wir wissen, wer das liest, wir wissen, wer du bist, wir kennen deinen Seelenstrahl.

In unseren Chroniken sind alle deine Inkarnationen aufgezeichnet. Und in diesem Leben geschieht etwas Besonderes: Du wirst deine Familie aus der Sternensaat und die geistigen Mentoren in die Arme schließen können, ohne dafür deinen Körper zu verlassen. Wie viele Inkarnationen davor, als sich das Tor zur Geistigen Welt erst mit deinem Tod öffnete.

In diesem Leben ist es anders. Das Tor zu den höchsten Dimensionen öffnet sich im Leben. Der ewige Kreislauf der Wiedergeburt hört somit auf. Dies war ein Grund deiner Reise auf die Erde, im Einklang mit deiner Seelenfamilie und Seelenfreunden. Einer Absprache in Liebe.

Die Schwingungen des höchsten Lichts fangen an, sich im Kreis zu drehen. Eine Rotation entsteht. Alles, was dem alten Paradigma entspricht, wird im äußeren Kern sichtbar, bevor es sich auflöst.

Was sich hier so leicht und logisch darstellt, ist für viele Menschen sehr verwirrend, weil sie die Zusammenhänge nicht sehen können, da noch die Schatten der Dualität um sie sind. Nun, wir wissen, wie es euch geht und dass ihr in Zeiten wie diesen oft das Gefühl habt, allein gelassen zu sein.

Wir können beteuern, dass dem nicht so ist. Wir waren euch nie näher als jetzt. Gemeint ist das Zeitfenster, das die Möglichkeit bietet, uns öffentlich vorzustellen, um mit euch zu leben und zu wirken.

Nun, wir hatten viele solcher Zeitfester, da habt ihr recht. Doch der richtige Zeitpunkt ist immens wichtig. Warum? Dazu später mehr von Marix von Sirius, der dem Team des Erstkontakts der Galaktischen Föderation des Lichts angehört und euch von nun an als Botschafter dieser Gruppe gemeinsam mit den geistigen Mentoren weiter durch dieses Buch führen wird.

Liebe Leserinnen und Leser, bei diesen Botschaften, die viele Lichtarbeiter zurzeit überbringen, ist es wichtig zu verstehen, dass es nicht darum geht, euch abzuverlangen, dass ihr diese akzeptiert.

Wir achten euren freien Willen. Wenn dein Bauchgefühl sich gegen das Geschriebene entscheidet, bist du vielleicht noch nicht bereit für die bedingungslose Wahrhaftigkeit. Sende nur das aus, was du für dich in dein Leben ziehen willst. Gleiches zieht Gleiches an.

Wir wissen von deinem Ursprung, wir wissen, woher du kommst, wir kennen alle deine Inkarnationen.

Willkommen zurück, Sternensaat. Deine Familie und Freunde erwarten dich sehnsüchtig. Willkommen zurück in den hohen Vibrationen. Willkommen zurück im verkörperten Leben und gleichzeitig im Himmel.

Sie konnten dir nicht entgegengehen. Deine Familie, Freunde, Erzengel und Engel von dem Heimatplaneten mussten geduldig warten, bis du eine bestimmte Stufe deines Seelenaufstiegs erreicht hattest. Sonst wäre deine Sehnsucht nach uns womöglich so groß geworden, dass du eine Abkürzung genommen hättest. Mit Abkürzung meinen wir die frühzeitige, selbst herbeigeführte Beendigung des Lebens. Denn nichts anderes ist es, wenn ein Mensch aus eigener Hand geht.

Er wählt eine Abkürzung, um schnell wieder zu Hause zu sein. Selbstverständlich hat jede Seele dafür noch individuell irdische Gründe, was die Reise in das verborgene goldene Land betrifft.

Wie ist es euch ergangen in diesen turbulenten Zeiten, in denen Gaia sich für den Aufstieg vorbereitet hat? Seid ihr wohlauf, geht es euch gut?

Es ist uns eine Ehre, uns vorstellen zu dürfen. Wir sind eure Familie aus der Geistigen Welt. Wir sind eure Familie aus der Galaktischen Föderation des Lichts, in unseren Reihen auch Erzengel, Engel, Aufgestiegene Meister und geistige Mentoren.

Im Namen aller, für deren Station wir hier als Gruppe sprechen, möchten wir dich herzlich begrüßen und dich gerne weiter durch diese Bücher führen.

Es hat einen Wechsel gegeben, denkst du? Ja, das hat es, denn die Autorin dieses Buches wurde von Erzengel Michael gebeten, die galaktische Familie vorzustellen und zu Wort kommen zu lassen. Seine Begründung war: „Die Zeit drängt, denn die Leser sollen die Wahrheit über die Sternenfamilie erfahren. Diese kommen in Liebe und Frieden, um zu helfen, die Umwelt zu säubern, und sie bringen ein goldenes Geschenk mit: das vollkommene Bewusstsein!"

Bist du dir bewusst, was das bedeutet? Nun, ein Engel entschied sich, auf der Erde geboren zu werden, und nun ist der Engel zurück und Meister geworden. Ein feines Raunen und Jubeln geht durch die Welt, in die du nun eingetaucht bist.

Wie sehr freuen wir uns, du bist zurück!

WILLKOMMEN ZURÜCK IM GOLDENEN JERUSALEM!

☆☆☆

Maitreya meldet sich zu Wort:

Ich bin es, euer Christus. Ich bin wiedergekommen, bin unter euch. Ich spreche die Sprache der Nächstenliebe, des Teilens und der bedingungslosen Liebe.

Einst sammelten sich die Apostel um mich, und sie tun es in diesem Leben wieder. Sie sind alle hier. Wir leben unter euch, und wenn sich der Kreis schließt, werden wir uns sehen.

Wenn der Zeitpunkt des vollkommenen Bewusstseins der Menschen da ist, beginnt mein Auftrag als Weltenlehrer Maitreya. Dies ist meine Berufung in dieser Zeit.

Ihr werdet mich erkennen, wie ihr mich immer erkannt habt – an meinen Worten, an meiner Energie und an meinen Augen.

Ich bin unter euch, ja: Tunesien, Ägypten, Japan, Libyen, Syrien, Griechenland, Spanien. In all den Ländern des Aufstands, in der Wahrhaftigkeit, war ich, Maitreya, immer unter euch, um segnend und helfend denjenigen beizustehen, die den Mut hatten aufzustehen.

Seht und freut euch, denn der Kreis der Krieger des Lichts schießt sich.

Wir alle werden uns wiedersehen und miteinander leben, lieben, lachen und wirken.

Meine Freunde: Ihr habt nichts zu befürchten. Das Licht hat längst gesiegt.

Ich segne und sende euch meine bedingungslose Liebe.
Maitreya im JETZT

Der erste Kontakt

Ich bin der ich bin und immer war, ich bin Erzengel Michael.

Zum Thema des ersten Kontakts mit den galaktischen Freunden möchte ich sagen, dass es nicht nur die Landung der außerirdischen Rasse auf der Erde bedeutet, sondern auch die absolute Loslösung von allen Teilchen und Frequenzen, die noch der alten Energie entsprechen. Der Tag der Deklaration, des Wählens, an dem nicht nur eure Sternenfamilie mit euch Kontakt aufnimmt, sondern auch Maitreya, den ihr als Christus kennt. Er, der in dieser Epoche den Part des Weltenlehrers innehat, aber nicht gekommen ist, um seine Jünger um sich zu scharen, sondern er ist einer von euch, nicht mehr und nicht weniger.

Nun, es geht nicht darum, irgendjemanden als Helden zu feiern, denn, ihr Lieben, befreit habt ihr euch selbst von den Schatten, und Helden seid ihr viel mehr, als euch zu diesem Zeitpunkt bewusst ist!

Wie wir immer erwähnt haben, sind wir alle EINS, und so hattet ihr natürlich Hilfe von der Geistigen Welt, doch die Erfahrung an sich konnte und kann euch niemand abnehmen. Wobei das Erfahrungensammeln tatsächlich etwas ist, das sich im Leben wie eine Bestrafung anfühlen kann.

Was hat das innere Wachstum aber mit dem Erstkontakt zu tun, dem Tag der Deklaration, der Wahl? Durchaus sehr viel, denn nur wer eine gewisse Grundschwingung trägt, kann diese göttlichen Ereignisse als solche auch wahrnehmen.

Wenn Maitreya und die Crew der Galaktischen Föderation des Lichts eines tun, dann ist es wie bei uns Engeln: Wir achten den freien Willen und nähern uns nur denen, die das auch wollen. Dann ist es der Sache durchaus dienlich, wenn ein Großteil der Menschheit zu dem Zeitpunkt eine hohe Eigenschwingung hat, im Inneren klar ist und die Brücke bildet, über die wir gehen können.

Es wird nicht nur das Tor für die interplanetarischen Freunde geöffnet, sondern auch für uns, eure Erzengel, Engel, geistigen Mentoren, Aufgestiegenen Meister und last, but not least, werdet ihr die Cousins aus der inneren Erde wieder in eure Arme schließen können.

Welch großartiges Ereignis, welch wundervoller Tag, wie schön es ist, dir, geliebte Erdenseele, die Hände reichen zu können.

So ahnst du nun vielleicht, warum das Ankommen der Freunde aus dem All sich so verzögert und warum man versucht hat, diese lichtvollen Wesen als etwas darzustellen, das sie nicht sind.

Sie sind keinesfalls dunkel oder voller Habgier auf der Erde, sie sind auch nicht hier, um die Bodenschätze von Gaia zu rauben oder gar die Bürger zu erschrecken, zu entführen.

Das alles hat man euch nur vorgespielt, um zu erreichen, dass ihr das Event, euren Aufstieg und den Kontakt mit dem, was ist, dem freien Willen, ablehnt.

Denn wir kommen in Frieden und bedingungsloser Liebe und bringen Geschenke mit, und eins davon ist das vollkommene Bewusstsein, was euch unter anderem von allem unabhängig macht, was bisher Geld gekostet hat.

So sei es in Liebe.
Sei gesegnet,
dein Erzengel Michael.

☆☆☆☆☆

Die Erdenbewohner rufen nach dem, was ist

Wir, eure Erzengel, Engel, Aufgestiegenen Meister, die geistigen Mentoren, die Cousins aus der inneren Erde und die galaktische Familie, klopfen bei euch an und sind hoch erfreut, denen die Hände zu schütteln, die uns die Tür öffnen.

Wenn du voll bewusst bist, ist es nicht mehr nötig zu channeln, um mit einem Engel oder Geistführer zu sprechen, denn wir stehen direkt neben dir.

So, wie du mit Gaia aufsteigst, dank stetigen, einfließenden, göttlichen Energien, so, wie du mit deinem Höheren Selbst EINS bist, sind wir das, was wir während deiner Aufenthalte im Himmel immer waren: VEREINT!

Wobei, wie erwähnt, vor der vollkommenen inneren Heilung alles „Alte" von dir abfließt, indem es noch einmal an die Oberfläche kommt und gelebt wird. Diese Transformation war oft wie automatisiert, denn es sprengte einfach von dir weg, ohne dass du darauf Einfluss hattest.

Es genügte schon ein kurzer Kontakt oder zum Beispiel ein Telefonat mit einem Freund, und schon flimmerte das Transformationsfeuer dieses Freundes zu dir über. Was sich durchaus komisch anfühlen kann im Leben, denn wenn man nicht weiß, dass sich Transformationen wie Wellen gegenseitig anstoßen können, wird der jeweilige Freund für das Unwohlsein, das mit einer Auflösung einhergeht, verantwortlich gemacht.

Kommt dir das bekannt vor? Hat man dich plötzlich gemieden, nicht mehr gegrüßt, hast du zum Beispiel erlebt, wie Familie, Freunde, Kollegen oder der Partner dich um Abstand gebeten haben, und das oft plötzlich und ohne Vorwarnung? Nun, wir sagen dir nur, es hat mit Auflösung zu tun und mit Schutz, denn wer sich im Auflösungsstrudel befindet, schlägt unbewusst um sich, und wer sich zurückgezogen hat, wird auch nicht Gefahr laufen, verletzt zu werden.

Gerade die hohen Schwingungen sind es, die auf der Pilgerreise zum Dimensionswechsel dazu führen, dass ihr ein Stück des Wegs alleine geht, ohne jegliche Ablenkung und im Vertrauen auf die himmlischen Helfer.

Wir, die geistigen Mentoren, nennen das den Jesus-Effekt, da es auch ihm auferlegt war, den Pfad phasenweise alleine zu gehen. Denn wer eintauchen will in das tiefste Innere, braucht keine Ablenkung von außen, gerade dieses Zentrieren, die Zwiesprache mit dem Inneren Kind, macht es sehr viel leichter, das eigene Höhere Selbst im Körper zu begrüßen.

Die Vereinigung mit dem Sonnenengel geschieht dann, wenn deine Seele bereit ist und dir das Signal gibt, dass es nun um die eigene Mitte geht, und so geschieht die Verschmelzung mit dem Höheren Selbst meistens nicht auf einmal, denn das würde euer System durcheinanderbringen. Nein, es geschieht bei den meisten Wesen innerhalb eines Zeitraums, der von den zuständigen geistigen Mentoren beliebig ausgedehnt werden kann.

Warum? Der Schritt ist immens wichtig, denn so hebt sich jede Trennung mit dem, was ist, auf. Zwar habt ihr laut Lebensplan vorher verfügt, wann und wie die Vereinigung mit dem Sonnenengel geschehen soll, doch was in der Leichtigkeit im Himmel geplant wurde, ist im Leben oft schwer umzusetzen.

So greifen also die Geistführer ein, um euch vor einem überlagerten System zu schützen, und bremsen ein wenig eure Ungeduld, sodass die Vereinigung mit dem eigenen „Ich“ im Himmel dann möglichst sanft abläuft und ihr nicht Gefahr lauft, abzuheben.

Wenn ihr also die Einweihung des goldenen Engels erhalten habt, dann, ihr Lieben, werdet ihr wahrlich Wunder erfahren, an euch selbst und an anderen.

So steigen die eigenen Heilerqualitäten immens an, sodass ihr nur an jemanden denken müsst, der Hilfe braucht, und schon geht es dieser Person besser. Das schließt natürlich auch ein, dass ihr, wenn jemand das göttliche Licht verweigert, vor verschlossener Tür steht, denn der freie Wille ist unantastbar.

☆☆☆☆☆

Der Zahn der Zeit, die Beschleunigung der Dinge hinter den Dingen

Die Zeit beschleunigt sich jeden Tag mehr, und das Licht strahlt jeden Tag heller zur Erde.

Viele von euch sind des Wartens auf bessere Zeiten müde, doch die Verbesserungen haben längst begonnen. Diese Energie ist da! Wenn alte Strukturen einbrechen, zeigen sie nochmal ihr hässlichstes Gesicht.

Die Einstrahlung der zentralen Sonne hat sich so stark auf der Erde etabliert, dass die Wandlungen fast automatisch in Kraft treten. Licht zieht Licht an, und das Dunkle wird entweder zum Licht zurückkehren, oder es weicht.

Wir aus den Galaxien lieben und bewundern euch, denn ihr seid durch so viele, teilweise auch karmische Inkarnationen gegangen. Ihr seid wunderbar, wie Phönix aus der Asche.

Ihr hattet ein Ziel, dass Atlantis wieder entsteht und die Erde und der Himmel zusammenwachsen. Auf dass wir wieder eins sind. Eine Schwingung sind. In der bedingungslosen Liebe.

In Wirklichkeit waren wir niemals getrennt.
Die Dualität ist eine Illusion.

Wir, eure Geistführer, Engel, geistigen Mentoren, Familie, Freunde aus der Sternensaat, waren nie mehr als einen Steinwurf von euch entfernt.

Nun bist du in der Energie deines Geistführers, So hell strahlt dein Licht. Du erschaffst dir längst deine Realität selbst. Dein Leben, leicht oder schwer, es wird allein von dir bestimmt. Du hast die Macht, die Dinge zu verändern. Du hast sehr viel mehr lichtvolle Kraft, als du denkst. Wenn sich eine ganze Gruppe zusammenschließt, um etwas zu erreichen, ist ihre Macht unermesslich stark!

☆☆☆

Meine Lieben, ich grüße euch. Ich bin es, Erzengel Michael, und es ist mir eine Ehre, auf diese Weise zu euch zu sprechen.

Die Erfüllung der goldenen Wünsche in dir ist es, was die Lichtkinder antreibt. Doch Transformation auf allen Ebenen und durchaus schwere Zeiten liegen hinter euch. Reich an Erfahrung, in Erdensprache gesprochen, und nun kommen die Belohnungen. Sowohl die individuellen, wie auch die Belohnungen im Ganzen.

Freut euch, denn die Wunder, die ihr bis jetzt gesehen und erlebt habt, waren nur der Anfang. Es gibt neue Quellen, die sehr heilend wirken, und sie befinden sich oft dort, wo sich viele Menschen zur Erholung aufhalten, und bei manchen Badegästen lodert das Feuer der Auflösung geradezu, wenn sie sich an diesen Kraftorten befinden. Wieso? Nun, die Frequenz von Gaia und die der umherschwebenden Planeten und Gestirne ist mittlerweile so hoch, dass Menschen, die sich noch auf einer anderen Ebene befinden, durch die hohe, göttliche Einstrahlung angehoben werden. Während aber ihre Eigenfrequenz steigt, transformieren sie sogleich alles, was der alten Energie entspricht.

Ganz schön heftig? Scheinbar, denn hier setzt das ein, was die Heilpraktiker Erstverschlimmerung nennen, bevor die Zellen und Organe ideal reagieren. Diejenigen, die gleich schwingen mit den heiligen Wassern, fühlen bei der Berührung sofort eine große Wohltat.

Wir sprachen von Wunder, so zum Beispiel der Blütenschnee im Frühjahr. Die Blüten schweben sanft auf die hernieder, die selbst Aufgestiegene Meister sind. Eine Segnung der Geistigen Welt. Die Marienerscheinungen, die zwinkernden Buddha Statuen, die zwölf Apostel, die sich abwechselnd und lebendig an verschiedenen Orten zeigen.

Ihr wartet noch auf den Tag des Zusammentreffens mit euren Geschwistern und Familien aus der Sternensaat und auf den Tag der Deklaration? Ich, Erzengel Michael, frage dich: Warum wartest du? Du befindest dich längst in der Mitte der Geschehnisse, denn du bist ein Teil davon.

Wir sprachen von den Dingen hinter den Dingen, der umgesetzten Planung der geistigen Heimat.

Was genau das zu bedeuten hat, erklärt später unser Freund und Kollege Hatonn, der dem interplanetarischen Rat angehört.

Es dankt und segnet dich, Erzengel Michael.

Die Zeit der Transformation

Nun seid ihr angekommen im Goldenen Zeitalter, und für die Menschen, die ihr Licht noch auf einem anderen Plateau versprühen, ist es tatsächlich wie Neuland.

Sie leben noch mit all den Mühen und Sorgen, die für euch nicht mehr relevant sind, denn ihr habt längst gelernt, auf der Welle der höchsten Frequenz zu surfen, und alles, was eure Nachbarn noch bedrückt, gehört für euch der Vergangenheit an.

Lebendige Engel, ja, so haben wir euch oft genannt, doch auch eure Mitmenschen, die sich mit dem herumschlagen, was ihr längst gelernt habt – in Leichtigkeit zu leben –, auch sie sind lebendige Engel, denn sie halten sich freiwillig viel länger in einer dichteren Frequenz auf, und was für euch so aussieht, als würden sie sich ewig im Kreis drehen und immer wieder die gleichen Muster leben, ist wahres Heldentum.

Sie waren längst wie ihr vom Brückendienst befreit, halten sich jedoch freiwillig bei ihren Lieben und bei ihrer Seelenfamilie auf, denn wenn sie diese Ebene verlassen würden, würde weniger Licht einstrahlen. Schwer zu verstehen, warum jemand ein solches Opfer bringt?

Nun, sie tun es aus Liebe, und sie tun es für das Licht. Der Dienst am Licht, ihr Lieben, hat viele Gesichter, darum bitten wir euch, nicht über jene zu werten, die scheinbar Nachzügler sind, denn es gibt keine Schuld, Fehler oder Zufälle auf Erden.

Diejenigen, die dem Transformationsfeuer länger ausgesetzt sind, tun es nicht, weil sie nicht weiterkommen wollen oder können, nein, sie tun es für das Licht.

Wobei wir bei den Transformationen sind, die ganz anders ablaufen als noch vor Jahren, denn der Seelenaufstieg an sich währt ewig. So hören auch die Auflösungen nicht auf, doch diese sind für euch mittlerweile ein Kinderspiel. Es flutet in Windeseile das von euch weg, für das ihr vor Jahren möglicherweise ein halbes Jahr gebraucht hättet: Ansehen, Leben, Erkennen, Loslassen, Vertrauen. Ja, es liest sich einfach, und eigentlich ist es das auch.

Eigentlich? Nun, ihr solltet nicht vergessen, dass selbst Götter, die einmal Menschen waren, zwar eine hohe Schwingung tragen, doch auch sie gingen irgendwann den Pfad der Läuterung.

So ist es euch sicher nicht immer möglich, Dinge leicht zu erkennen oder die Körper-Lichtwerdung geduldig zu ertragen. Bitte seid nicht allzu streng mit euch, denn je intensiver das Licht, umso mehr werdet ihr wieder zu dem, was ihr in Wahrhaftigkeit immer wart. Doch auf gewissen Stufen des Seelenpfads ist die Erinnerung an alte Inkarnationen ganz besonders schmerzhaft.

Da wir aber längst EINS sind, stehen euch die Aufgestiegenen Meister zur Seite, um euch universell zu unterstützen. Für das irdische Kleid jedoch stehen den Lichtträgern Örtlichkeiten und Mentoren zur Verfügung, die es ihnen leichter machen, immer feinstofflicher zu werden, denn wie ihr wisst, ist zwar der Weg das Ziel, jedoch wird die Reise nie zu Ende sein.

Welch unermessliche Freude: Die damals ausgesandten Engel, hochgeehrte Mitglieder der Sternensaat, kehren wieder zurück und bringen ein Geschenk mit.

Das Leben, das verkörperte, pulsierende Leben, kehrt zurück in die Himmelreiche. Dies ist neu und war noch nie da. Das Experiment ist gelungen, und somit zwar abgeschlossen, doch der Evolutionsweg endet nie.

Ihr mögt bei diesen Sätzen noch nicht erahnen, was sie bedeuten, welch ein Event dahintersteckt.

Ein herrlicher Anblick – ein Engel der Liebe kehrt wieder zurück.

In Namen der Galaktischen Föderation des Lichts möchten wir dich hiermit herzlich begrüßen. Willkommen zurück.

Wir kennen uns von deinen nächtlichen Ausflügen auf unseren Schiffen. Doch nun ist es anders. Du musst nicht mehr zurück, wenn du nicht möchtest. Denn durch den Schlaf waren die Ausflüge zu deiner Familie nur kurz.

Der Kontakt mit uns öffnet dir nun beständig diese lichtvollen Türen. Kein schmerzvolles Ziehen mehr in deiner Brust, wenn du von deinen nächtlichen Ausflügen zurück in dein Bett gleitest. Kein abruptes Aufwachen mehr, weil dein wahres SEIN in deinen Materiekörper zurückplumpst.

Du dachtest die ganze Zeit, dein abruptes Aufwachen nachts hätte etwas mit deinen körperlichen Bedürfnissen zu tun? Ich, Marix, sage dir: Du wachst auf, weil du zurückkommst.

Wir sind und waren niemals getrennt. Die Trennung der Dualität ist eine Illusion.

Mit Absicht wird Marix gewisse Textstellen immer wieder wiederholen, denn so wird das alte Wissen geweckt.

Wenn empfangene Botschaften dich vor Freude erschauern lassen, hast du Antworten auf innere Fragen gefunden.

Findest du nicht, dass das Gesetz der Anziehung eine wunderbare Sache ist?

Es ist mir eine Ehre, mit euch sprechen zu dürfen.

Welch unermessliche Freude, die auf der Erde inkarnierten Freunde und die Familie wieder in die Arme zu schließen.

IHR SEID DIE, AUF DIE WIR SO LANGE GEWARTET HABEN!

☆☆☆☆☆

Die Wahrheit sucht sich immer ihren Weg

Der Globus befindet sich in einer Phase der Erneuerung, die extrem bedrohlich für Menschen wirken kann, die noch schlafend oder nur teilweise wach sind.

„Denn sie wissen nicht, was geschieht!“

Die alten Strukturen brachen ein und zeigen noch einmal ihr hässlichstes Gesicht, was für diejenigen, die sich im selbst gewählten Vakuum befinden, sehr verwirrend sein kann. Alles, was nicht der Ehrlichkeit, Wahrhaftigkeit und dem Wohl aller dient, wird erneuert oder geht für immer.

„Die Wahrheit sucht sich immer ihren Weg!“

So kann man diesen Zeitabschnitt nennen. Bis zum Ende des Zyklus werden immer mehr Journalisten Ungerechtigkeiten, Unwahrheiten und Vertrauensmissbräuche aufdecken und so einer breiten Masse zugänglich machen.

Die Offenlegung hat begonnen!

Ein wichtiger Schritt, der den Erstkontakt eingeleitet hat, ist getan. So ihr nun voll in eurer Kraft seid und voll bewusst, ist es nicht mehr möglich, euch anzulügen und zu benutzen.

Nun, diese dunklen Mächte hatten einen guten Grund, die Ufo-Kontakte zu vertuschen und den Erstkontakt zu verhindern. Sie hatten berechtige Bedenken, denn sie verloren ihre Glaubwürdigkeit und ihre Wähler.

Es wurde sogar versucht, das Wetter zu beeinflussen, indem sie Nebel und dichte Wolken erschufen. So sollten die Bürger unter anderem daran gehindert werden, die Galaktische Föderation zu sehen.

Keine Sorge, wir haben unser Versprechen gehalten. An dem Zeitpunkt, an dem dieses Buches erscheint, sind wir längst unter euch. So hat sich die Ebene der Dichte vollständig von Gaia verabschiedet.

Wie sehr bewundern wir deine lichtvolle Stärke, so viele Inkarnationen, oft mit tragischem Ausgang.

Dein Leben im Goldenen Jerusalem beginnt JETZT.

Das Warten hat ein Ende, die neue Erde besteht bereits. Das galaktische Zeitalter hat längst begonnen. Fange bitte an, eigenverantwortlich zu leben. Ziehe das Neue Zeitalter in dein Leben, indem du dich von den Dingen trennst, die dich beschweren.

Lebe deinen Traum!

☆☆☆☆☆

Der Weg zur Vollkommenheit

Die Vollkommenheit entsteht erst in euch und dann im Außen. Damit wollen wir andeuten, dass der Aufstieg von Atlantis genau an diesem Punkt gescheitert ist. Diejenigen unter euch, die damals in Ägypten inkarniert waren, werden sich erinnern.

Nun, was haben die Zeiten gemeinsam?

Wie jetzt war der Mensch auf dem Weg zum vollständigen Bewusstsein. In der Zeit um Atlantis siegte jedoch das Dunkle. Die Dualität hielt Einzug, und der ewige Inkarnationskreislauf fing an.

Jetzt aber ist dieser Kreislauf unterbrochen. Die Erde reinigte sich von Energien, die die unteren Dimensionen in sich trugen. Dein verkörperter Aufstieg in die Sphären der Geistigen Welt war erfolgreich. Wir werden nicht müde, dies immer und immer wieder zu erwähnen.

Als deine Reise begann, in genau diesem Körper, war zwar ein positiver Ausgang geplant, doch du hattest wie viele Lichtarbeiter mit Unwägbarkeiten zu kämpfen. Der Aufstieg, dein vollständiges Erwachen, konnte nur erfolgreich sein, wenn sehr viele Menschen das Licht der geistigen Heimat auf die Erde holen würden.

Ich bin Marix von Sirius und gehöre der Galaktischen Föderation des Lichts an. Die Galaktische Föderation und die Lords des Lichts, in deren Namen ich hier spreche, freuen sich, dir mitzuteilen: Dein Weg der Mühsal ist somit zu Ende. Du befindest dich längst auf dem Energiestrahl deines Schutzengels und Geistführers.

Wir wiederholen uns? Ja, wir wiederholen manche Textstellen mit Absicht immer wieder.

Deine Seele weiß warum, sie weiß es...

Deine Realität bist du.

Du bist nun in der Lage, dir Dinge, die du brauchst und die dem höchsten Wohl dienen, selbst in deinem Leben zu manifestieren, indem du nicht mehr wünschst, sondern verfügst.

Engel fordern Dinge und Energien, die sie brauchen, an, und gehen dann sofort in das Gewahrsein, dass sie schon erhalten haben, es sich also schon erfüllt hat.

Gaia hat alles von sich gestoßen, was den alten Energien angehörte, sie reinigte sich über Schnee, Sturm, Erdbeben, Feuer, plötzliche Erdrutsche, Überschwemmungen und Dürre. Wisst, wenn Seelen darunter leiden, geschieht das im Einklang mit ihrer eigenen Seelenplanung. Es gibt keine Zufälle, Fehler und Schuld auf Erden.

Die Galaktische Föderation des Lichts und eure Engel, Erzengel und geistigen Mentoren schützen euch so, wie eine Mutter ihr Kind schützt, damit diejenigen unter euch, die bei dem Aufstieg der Erde dabei sein wollen, den Weg ohne Gefahr weitergehen können.

Bis zur Vollendung wird euer Körper sich vollends regenerieren, er geht in seinen Idealzustand. Das heißt jedoch nicht, dass ihr sofort an Masse verliert, denn das kann erst geschehen, wenn der Kern feinstofflich ist.

Habt bitte Geduld und liebt euer Erdengefährt, weil es genau die Form hat, die ihr gewählt habt, und euer Leib euch schließlich bis hierher getragen hat.

Marix von Sirius über das Rad der Wiedergeburt

In dieser Epoche war besonders, dass die Zeit des Alterns für die Menschen gestoppt wurde, die „Ja“ zum Aufstieg der Erde, zum vollständigen Bewusstsein, gesagt haben.

Ja, ihr habt richtig gelesen: Die Zeit des Wählens ist vorbei. Wer jetzt noch zaudert, hin und her schwankt, hat sich für ein anderes Plateau entschieden. Es gibt nun keine Verbindung mehr zwischen der Dritten, der Vierten und der Fünften Dimension.

Davor wurdet ihr von den Lords der Schöpfung gefragt, wo ihr denn nun hin wollt. In der alten Energie bleiben, oder in die Neue Zeit gehen. Jede Menschenseele wurde von den LORDS DES LICHTS gefragt, da diese die Zyklen planen.

Es ist also nun eingetroffen, was euch lange vorher immer wieder übermittelt wurde. Der Inkarnationskreislauf ist unterbrochen. Der Mensch des Goldenen Zeitalters muss nicht mehr altern, seine Zellen regenerieren vollkommen. Egal, wie geschwächt der Körper vorher auch war. Krankheiten wird es nach und nach im Körper des göttlich erwachten Menschen nicht mehr geben.

Ich bin Marix von Sirius und gehöre dem Team der Galaktischen Föderation des LICHTS an. Wir sind Seelen wie ihr, doch wir sind längst voll bewusst. Unser Bestreben und Auftrag ist es unter anderem, dafür zu sorgen, dass jede Seele auf Erden den Zykluswechsel in Frieden erreichen kann. Wie sehr freuen wir uns, euch mitteilen zu können, dass der erste wichtige Schritt getan ist.

DER INKARNATIONSKREISLAUF IST UNTERBROCHEN! DAS ALTERN HÖRT AUF!

Nun ist es möglich, den Engel auf Erden zu leben, mit voller Macht und Kraft und im Einklang mit der ALL-EINHEIT.

Was geschieht nun mit den Menschen, die gefragt wurden, aber scheinbar schlafen, weil sie zum Beispiel im Koma liegen? Denn sie befinden sich in einer Art Zwischenwelt. Ein Teil auf Erden, und die Seele in der Geistigen Welt.

Nun, diese tapferen Seelen, sofern sie sich für den Aufstieg entschieden haben, auch diese Lichter gehen in den Idealzustand. Das heißt, sie wachen langsam wieder auf, und auch ihre Zellen regenerieren sich vollständig.

Bewohner der Erde, die im Koma lagen beziehungsweise liegen, haben einen wichtigen Dienst getan, denn sie bildeten für ihre Angehörigen und für die Allgemeinheit DIE BRÜCKEN IN DIE GEISTIGE WELT.

Das menschliche Leid, der Schmerz, die Tra
Verlust sind immer auch eine Pforte zum höh
wusstsein. Offen für jeden, der diese Pforte betreten
Es gibt keine Schuld, Zufälle, oder Fehler auf Erden. D
Leben an sich wurde von euch selbst anhand der Lebenspläne und im Einklang der Lords des Lichts geplant.

Was nun geschieht, ist etwas Besonderes und war so noch nie da.

DIE ZEIT DER DUALITÄT, DES NEBELS, HÖRT AUF: DU LEBST DEIN HÖHERES SELBST.

Der Nebel des Getrenntseins ist und war immer eine ILLUSION!

IN WIRKLICHKEIT SIND UND WAREN DIE ERDE UND DER HIMMEL NIE VONEINANDER GETRENNT!

Wie sehr freuen wir uns, dich wieder in die Arme zu schließen. Ein Kind des Lichts ist wieder zurück im Himmel. Zurück und gleichzeitig im Leben.

☆☆☆☆☆

Der Wandel des Aufstiegs

Die Reise ist nie zu Ende, jedoch bereitet es euch in den höheren Dimensionen Spaß und Freude, wenn Herausforderungen auf euch zukommen.

Die letzten Tage der Dunkelheit sind längst gezählt. Was nun eingesetzt hat, ist eine Offenlegung für die Untaten der dunklen Macht.

Langsam aber unaufhörlich plätschern Nachrichten über ihre Vergehen in eure Wohnzimmer. Viele stellen sich freiwillig oder treten ab, weil sie ihre Glaubwürdigkeit verlieren.

Wir sind Seelen wie ihr, mit oft durchaus menschlichem Aussehen. Wir, eure Galaktische Familie, gehören dem Rat des höchsten Lichts an.

Die Galaktische Föderation sowie alle Himmelreiche achten euren freien Willen.

Wenn ein Sprecher von uns, wie jetzt gerade, zum Interview gebeten wird, kommen wir dem gerne nach.

Nun, wie kommen diese Kontakte zustande? Viele Menschen hatten eine Inkarnation auf einem der Sternenplaneten. Die Erde war nicht immer euer Zielort, sondern oft nur eine Zwischenstation. Aus diesen Reisen in andere Leben entstanden familiäre Bindungen und Freundschaften, Beziehungen zu den Legionen des Lichts.

So stellen Lichtarbeiter den Kontakt zu ihrer Sternenfamilie wieder her. Oft erst einmal unbewusst, doch immer im Einklang mit ihren Seelenverträgen und dem freien Willen. Wir werden zum Interview gerufen und kommen gerne. Kein Zufall, dass sich wie hier gerade alte Freunde voneinander angezogen fühlen.

Das Gesetz der Anziehung führt Gleich und Gleich zusammen!

Der Wandel des Aufstiegs ist unabänderlich. Das Licht hat längst gesiegt. Was geschieht, ist die vollständige Transformation aller Energien und deren Träger, die noch nicht der höchsten Frequenz entsprechen.

Dein Seelenaufstieg ist hier nicht zu Ende, doch du kehrst verkörpert nach Hause.

Du dachtest du bist die schwersten Wegstrecken alleine gegangen? Wir sagen dir: So ist es nicht. Deine Schutzengel, galaktischen Freunde und Familie aus der Geistigen Welt haben dich niemals verlassen.

☆☆☆☆☆

Gleiches zieht Gleiches an

Mit jedem Tag, der vergeht, steigt der Lichtanteil auf Mutter Erde. Mittlerweile ist dieser so immens, dass sich die noch nötigen Umwandlungen scheinbar selbstständig ergeben.

Wir möchten anmerken, dass viele Menschen sich das Leid einer Krankheit anhand ihrer Blaupause des Lebens ausgesucht haben, um ihrer Seelenfamilie etwas abzunehmen. Damit diese die Chance haben zu erwachen oder selbst nicht erkranken. Ein Liebesdienst! Doch durch den Wandel der Zeit ist dies nicht mehr nötig. Der Wandel hat längst begonnen. Im Innen und im Außen.

Die Klimaveränderung und der Kampf dagegen, damit die Erderwärmung gestoppt wird, ist eine Kartell-Lüge. Der Wandel ist ein normaler Prozess. Das Klima der Welt wird generell milder, das ist eine natürliche Folge der Erdmagnetfeld-Verschiebung.

Die dunkle Elite hatte gute Gründe, warum sie euch dieses Lügengebilde vorsetzten: Die Gier der alten Lobby wollte befriedigt sein.

Bleibt ruhig und in der LIEBE, bei allem, was geschieht. Vertraut und fokussiert das Ziel. Den eigenen und den Aufstieg als Ganzes.

Was in Ägypten geschehen ist, hat sich verschärft oder abgeschwächt in vielen Ländern ereignet. Die alte Regierung ging, eine neue Übergangsregierung entstand. Das Volk bildet die Regierung und setzt dunkle Machthaber ab, denn diese verraten sich selbst.

Die Menschen sind nicht mehr bereit, in dieser Luftblase zu leben, mit den Beschränkungen, die man ihnen auferlegt hat.

Je mehr hohe Energie auf die Erde strahlt, desto mehr Schatten geht.

Im Namen der Galaktischen Föderation des Lichts und eurer Engel möchte Marix an dieser Stelle die Seelenfreunde und Familie der irdischen Station herzlich grüßen.

Hast du dich schon einmal gefragt, wieso du hier bei diesem Buch gelandet bist?

Wer bist du, wer bist du wirklich?
Wo kommst du her?
Wo ist deine eigentliche Heimat?

Gleiches zieht Gleiches an.

☆☆☆☆☆

Wie im Kleinen, so im Großen

Die Erbauer des Neuen Zeitalters sind dabei, Atlantis wieder auferstehen zu lassen. So könnt ihr eure Zukunft erschaffen und tut dies bereits. Die Geschichte wird neu geschrieben.

Was bedeutet es, im Goldenen Zeitalter zu leben? Es bedeutet, vollkommen unabhängig zu sein und in Frieden mit Allem-was-ist zu leben, in der Leichtigkeit.

„Den Engel auf Erden leben, den Himmel auf Erden", um es in eurer Sprache zu formulieren. Nichts könnte besser passen als das.

Wie verändert sich nun das Leben, bis vollkommenes Glück entsteht? Indem nur noch das ausgesandt wird – über den Geist, die Sprache, das Herz –, was ihr euch wirklich wünscht und für alle Beteiligten das Beste ist.

Sorgenvolles Sprechen und in Problemen zu denken, manifestiert dieses nur. Wenn ihr verändern wollt, solltet ihr versuchen, dieses umzupolen. In der Gegenwart auszusenden bedeutet, ihr zieht die Wünsche im Jetztzustand an. Nutzt die Kraft der Manifestation.

WIE IM KLEINEN, SO IM GROSSEN!

Ihr schwingt hoch und sendet Liebe und Frieden aus, und so entsteht auch Liebe und Frieden im Außen.

Ihr werdet also immer lichtvoller, bewusster, feinstofflicher und geht in eure ganze Kraft. Was geschieht aber mit eurem Körper bei diesem Übergang?

Nun, wenn du in die hohen Dimensionen eintrittst, geht dein Körper automatisch in den Idealzustand, sollte er noch nicht in diesem sein. Diese Umwandlung geschieht sanft und schrittweise, wenn du schläfst.

Das hat längst angefangen, doch du spürst dieses oft wie einen gegenteiligen Effekt, weil dein Körper für diese Veränderung erst einmal Altes loswerden muss. Manche nehmen zum Beispiel an Körperfülle zu, weil der Umgestaltungsprozess dies individuell so verlangt. Wo früher Lichtkörpersymptome waren, sind nun Wachstumsschmerzen oder Aufstiegssymptome an der Tagesordnung.

Für das, was nun geschieht, musstest du in früheren Leben immer wieder deinen Körper verlassen und neu inkarnieren. Gehe also bitte liebe- und respektvoll mit deinem irdischen Gefäß um.

Es ist für dich und deinen Körper eine starke Grenzerfahrung, und Erdung ist sehr wichtig. Erdung ist durchaus individuell, und jeder Mensch hat unbewusst seine eigenen Techniken, um sich im Hier und Jetzt zu verankern. Dies kann durch Haustiere sein, die man versorgen muss, durch Geselligkeit, Arbeit in der Natur oder auch spirituelle Rituale.

Je mehr Menschen zu dem Zeitpunkt des ersten Kontaktes mit uns, der Familie aus dem All, erwachen und bewusst sind, umso besser. Denn Angst und Unsicherheit lassen es nicht zu, dass wir uns diesen Menschen nähern. Darum haben die Dunklen immer wieder versucht, Angst und Unwissenheit zu schüren. Das Licht jedoch ist stärker, und Wahrheit, Wahrhaftigkeit, sucht sich immer ihren Weg.

Es ist uns eine Ehre, wenn du über uns, die Galaktischen Freunde, berichtest. Sei gewiss, wenn die Leute um dich dies im Ganzen noch nicht erfassen können: Worte hallen nach.

Wir warten auf dich auf der anderen Seite des Ufers. Das Wasser ist dein Freund und schwemmt alles von dir, was dich beschweren würde. Während du alles Alte loslässt, bewegst du dich unaufhörlich in höhere Schwingungen. Einen Stillstand gibt und gab es nie, es ist ALLES in Bewegung.

☆☆☆☆☆

Das Gesetz der Anziehung

Das Gesetz der Anziehung und die Kraft darin, die alles bewegt. Es hat auf dem blauen Planeten eine große Umwälzung stattgefunden. Das Dunkle wurde sichtbar und trat aus seiner Machtposition heraus. Der Wunsch vieler Menschen nach Gerechtigkeit, Frieden, Licht und Fülle ist es, der diese Umwälzung in Gang gebracht hat. Dazu gehört auch das Licht, das jeden Tag stärker wird und allen kosmischen Gesetzen die Stärke verleiht, im Jetztzustand zu wirken, also SOFORT!

Das verleiht den lichtvollen Menschen die Kraft, Dinge in Bewegung zu bringen. Was auch in Ländern geschah, die sehr viel Ungerechtigkeit und Armut in sich trugen. Es trat der Wandel ein, der schon lange erwartet wurde. Ein Ausgleich zwischen Arm und Reich. Die Diktatur muss weichen. Die Neue Zeit bringt für alle Wohlstand, Gerechtigkeit und Nächstenliebe.

Marix möchte euch mitteilen, dass die kosmische Bruderschaft, zu der wir auch gehören, vieles verhindert hat, was eine heftige Eskalation in den rebellierenden Ländern bedeutet hätte. Provokationen, ausgesandt von den Mächtigen und Reichen des Landes, um die Umwandlung, den Aufstieg der Erde, zu verhindern.

Das Ziel ist Friede, Fülle für alle Menschen, vollkommenes Bewusstsein, das Verschmelzen von Himmel und Erde. Dies ist euch garantiert. SO SEI ES!

Die Welt reinigt sich, und zurück bleibt nur, was der Energie der höchsten Dimensionen entspricht.

Je mehr Ungerechtigkeit und Armut in den Ländern besteht, umso heftiger sind die Demonstrationen und die Offenlegungen gegen diese beziehungsweise der ungerechten Umstände.

Viele Menschen mit der gleichen Ausrichtung können Mächtiges bewirken. Darum bleibt in der Liebe und im Vertrauen. Nichts schützt euch besser als eine hohe Eigenschwingung. Dagegen ist das Tor für die Manipulation die Angst.

Wir von der galaktischen Föderation des Lichts und die Lords des Lichts garantierten, dass sich der Konflikt nicht zum Weltkrieg ausbreitet. Wir schützen euch, wo wir können, ohne den freien Willen zu brechen. Denn dieser ist uns heilig.

In unseren Reihen befinden sich auch Erzengel, Engel und Aufgestiegene Meister. Viele dieser Meister sind bereits unter euch, so wie Meister Jesus. Die Auferstehung hat begonnen, die Himmelfahrt ist das nächste Ziel.

Die gesandten Meister sind der Garant für einen friedlichen Ausgang und begleiten den Aufstieg der Erde und ihrer Kinder.

☆☆☆☆☆

Die stillen Helden

Die stillen Helden, die im Hintergrund arbeiten – für Gerechtigkeit, Frieden und Wohlstand für alle Menschen.

Wer sie sind? Nun, sie sind menschlich wie du – deine Freunde, Nachbarn, Familie und Kollegen. Sie erfüllen ihren Auftrag mit Behutsamkeit und Liebe, und das schon jahrelang. Ohne gesehen zu werden, ohne sich hervorzutun, ohne viel zu erwarten, und so wirken sie neben euch schon seit langer Zeit für das Licht.

Helden wollten sie nie sein, das war ihnen nicht wichtig, doch sie opferten ihre Zeit für ihr lichtvolles Projekt.

Und jetzt treten genau diese Verbündeten hervor, und sie tun es mit einer Ruhe, Sicherheit und Selbstverständlichkeit, dass gerade die Lichtarbeiter es sind, die irritiert sind und anfangen, gegen die stillen Helden ihre Stimme zu erheben. Warum? Weil die stillen Helden manchmal keine teure Ausbildung vorweisen können oder ihre Schwingung so hoch ist, dass gerade diejenigen dagegen angehen, die von sich sagen, sie wären sehr weit. Oder weil sie bis zu dem Zeitpunkt ihres Hervortretens unscheinbar wirkten.

Das, was ihr an anderen auszusetzen habt und bemängelt, solltet ihr bei euch selbst ansetzen. Die eigene Energieausstrahlung so einzustellen, dass sie auf die Bedingungslosigkeit und die Neue Zeit ausgerichtet ist, ist eine Aufgabe, die euch immer wieder begegnet.

Was im Leben immer wieder als Spiegelung auf euch zukommt, ist tatsächlich eine Erkenntnis, die sehr wichtig ist. Denn wenn es bis zum Lebensende nicht richtig erkannt wird, lauft ihr Gefahr, deswegen nochmals inkarnieren zu müssen.

Warum wir davon sprechen? Nun, weil die Erde ein Erfahrungsplanet ist und die „alten" Atlanter unter euch es nicht gerne haben, wenn man ihnen in die Suppe spuckt, ein Ausdruck, der menschlich ist, aber jetzt nicht besser passen könnte.

Diejenigen, die damals in Atlantis gewirkt haben, haben in diesem Leben die Aufgabe, ihre Erkenntnisse mit anderen zu teilen und denjenigen zu helfen, die die Brücke des Dimensionswechsels noch nicht beschritten haben. Allerdings ohne zu erwarten, zu werten oder zu fordern, sondern bedingungslos denen zu helfen, die damals schon ihre Freude und Familie waren.

Was habe ich mir da nur für Aufgaben gestellt, denkst du womöglich jetzt. Aber du wusstest vor deiner Geburt, bei der Planung dieses Lebens in der Geistigen Welt schon, dass du es schaffen würdest, weil du dich aus Sicherheitsgründen mit einem großen Teil deiner Lemurien-, Avalon- und Atlantis-Seelenfamilie hier auf Gaia verabredet hast.

Deine Freunde von damals sind hier, und es sind Seelen darunter, die in der geistigen Familie als heilig gelten.

Wie sehr freuen wir uns, dich im Schein der glutroten Sonne zu umarmen und dir den Teil der Freunde und Familie vorzustellen, der auf unseren Lichtschiffen weilt.

Ich bin Marix von Sirius, und ich bin dankbar, auf diese Weise mit euch sprechen zu dürfen. Wir, eure Erzengel, Engel, geistigen Mentoren, die Cousins aus der inneren

Erde und, last, but not least, die galaktische Familie, sind voller Liebe für euch. Wir wissen, welch wundervolle Wesen ihr seid, wir wissen von all euren Herausforderungen, wir wissen es…

☆☆☆☆☆

Die Trennung der Welten ist und war immer eine Illusion

Wo geht die Reise hin, fragst du dich? Was ist der Sinn des Lebens, warum bin ich immer noch allein? Warum lassen mich meine Engel in Erfahrungen gehen, die wehtun? Wie kommt es, dass mein Körper sich von außen immer noch nicht verändert hat?

Nun, die Reise ist eigentlich dein Seelenweg und somit vorgeplant. Es geht dahin, wo du deine Ausrichtung hast. Das bedeutet, du sendest über Sprache und Gedanken im Inneren etwas aus. Dies kommt im Leben auf dich zu, es tritt ein. Wenn du Existenzangst aussendest, wirst du immer wieder mit dieser Angst konfrontiert, entweder durch deine Mitmenschen oder Behörden. So lange, bis du loslässt, erkennst und somit Fülle eintreffen kann. Wenn du geplant hast, Angst zu haben, die Liebe zu verlieren, wirst du so lange mit Partnern konfrontiert, die dich genau dort hineinschubsen – indem diese sich unbewusst so verhalten, als könntest du tatsächlich wieder betrogen und verlassen werden. Dies geschieht so lange, bis du erkennst und die Angst heilen kann. Dieses Übereinkommen ist eine Absprache in Liebe.

Der Sinn des Lebens ist das vollkommene Bewusstsein. Die Verbindung mit dem, was du in Wirklichkeit (Himmel) bist. Das Leben der bedingungslosen Liebe auf Gaia.

Du bist niemals allein. Wenn du auf die Liebe wartest, tut sich nichts. Warte nicht, sondern sei du die Liebe, dann findet dich auch die Liebe im Außen. Fang im Inneren bei dir an, dann kannst du im Außen die Resultate erzielen. Umgekehrt funktioniert das nicht.

Es ist tatsächlich so, dass Engel dich in deine Lernaufgaben gehen lassen müssen. Sie führen dich liebevoll in deine Erkenntnisse. Es geht dann um das „Erleben“, sich in etwas hineinzubegeben, um zum Beispiel Themen im eigenen Seelenvertrag abarbeiten zu können. Das ist unglaublich wertvoll, weil sonst die Belohnungen und der nächste große Schritt (Ziel) nicht kommen können. Engel achten immer den freien Willen. Sie ziehen sich liebevoll zurück, wenn du ihre Hilfe nicht annehmen kannst. Zum Beispiel wenn ein Seelenpartner zum anderen nein sagt, dafür aber eine andere Tür öffnet. Vor einer geschlossenen Tür zu verweilen, kostet dich nur Energie und bringt dich nicht weiter.

Deine geistigen Mentoren öffnen dir einen anderen Weg, der sogar noch besser für dich ist. Vertraue ihnen und deinem Seelenplan. Es gibt keine Zufälle, Fehler oder Schuld auf Erden. Manchmal geht es einfach nur um dein Licht, das von deinen Mitmenschen benötigt wird, die du scheinbar zufällig triffst, damit sie erwachen.

Die Veränderungen beginnen innen, von innen nach außen. Dieser Prozess hat bei den meisten Menschen bereits begonnen. Die Zellerneuerung und die Ausrichtung der Organe in geringerer Dichte und das Ankoppeln an die höchsten Energien werden immer sanft vonstattengehen. Du weißt aus eigener Erfahrung, dass sogar dann noch Anpassungssymptome auftreten können. Thymusdrüse, Zirbeldrüse, Herz, Nieren, Leber, Milz usw. Schließlich findet der Anpassungsprozess auch in deiner DNS statt.

So wird der irdische Körper immer feinstofflicher, das heißt aber nicht, dass ihr sofort an Masse verliert, obwohl sich auch die äußere Hülle den himmlischen Gegebenheiten anpasst, und zwar dann, wenn dein „Inneres" feinstofflich ist.

Die äußere Hülle, das Erdengefäß und die Muskeln, sind dann an der Reihe, wenn dein Aufstiegsprozess eine gewisse Schwingung erreicht hat. Wenn diese Anpassungen zu schnell ablaufen, würde es dein System außerordentlich belasten. In früheren Leben musstest du dafür die Erde verlassen, um wieder neu geboren zu werden. Die Symptome, dass sich der Körper nun auch äußerlich langsam in den Idealzustand bewegt, sind verjüngte Gesichtszüge, Muskelkribbeln, Kribbeln der Hände und Füße, ein immer wiederkehrendes Frieren, ein Gefühl der Leere und Traurigkeit, Arme und Beine, die scheinbar länger werden, das Gefühl, als wäre dein Körper schwerelos.

Ich bin Marix von Sirius und gehöre dem Team der Galaktischen Föderation des Lichts an, das den Erstkontakt herstellt. Es ist mir eine Freude, weiterhin über dieses Medium im Namen meiner Station mit euch sprechen zu dürfen. Wiederholt möchte ich sagen: Seid bitte respektvoll und liebevoll im Umgang miteinander und zu euren irdischen Gefäßen, denn diese funktionieren im Höchstleistungsmodus. Sendet nur das aus, was ihr auch wieder zurück haben wollt. Was heute gedacht und gesprochen, das lebt ihr morgen.

Ein großes Team von Erzengeln, Engeln, Meistern und Freunden aus der Sternensaat stehen an eurer Seite.

Du warst und bist niemals allein, sondern immer verbunden mit der All-Ein-heit. Die Trennung ist und war immer eine Illusion.

Vergesst nie: Ihr seid unermesslich geliebt und geschützt.

Wir sind die, auf die ihr so lange gewartet habt. Wir waren euch nie näher als jetzt.

☆☆☆☆☆

Wir öffnen die Arme und empfangen euch mit großer Freude

Ägypten, Libyen, Syrien, Algerien, Griechenland, Spanien, Jemen, Afghanistan, Frankreich, Deutschland und die USA, um nur einige Länder zu nennen. Das Volk geht auf die Straße, und es hat Stimmen, so mächtige Stimmen, weil diese zentriert sind.

Die Menschen erwachen in Massen!

Wir haben euch den Pyramideneffekt erklärt. Unten in der Pyramide und in der Vielzahl ist das Volk, das unterdrückt und in Armut gehalten wird. Oben behaupten sich einige wenige dunkle Seelen.

Was passiert, wenn die Vielzahl der Menschen aus der Isolation, aus dem Kreis der Unterdrückung und der Pyramide tritt? Richtig, das Bauwerk stürzt ein. Die Despoten können ohne euch nicht überleben, sie brechen ein und verlassen das Amt: Entweder werden sie im verkörperten Leben auch Licht, oder sie kehren durch den physischen Tod zur Quelle zurück.

Freut euch, tanzt und jubelt mit den befreiten Ländern, denn es ist auch eure Befreiung aus der Knechtschaft. Sie erheben die Stimme auch für euch und geben euch ein Beispiel. Ihr, die ihr teuer bezahlen müsst für das, was euch längst als Grundrecht kostenlos zur Verfügung stehen sollte.

Der Tag der Erklärung wird vieles positiv verändern. Bedingungsloses Grundeinkommen für alle Menschen.

Nur ein Beispiel von vielen. Die Menschen werden sich nicht mehr gezwungen sehen zu arbeiten, um zu überleben. Sie dürfen in ihre Lebensaufgabe gehen oder pausieren, um Kraft zu tanken, oder aber sich ehrenamtlich engagieren.

Wir, die Galaktische Föderation des Lichts, sind diejenigen, die sich am anderen Ende des Bandes befinden. Das Band, an dem ihr die ganze Zeit zieht, weil ihr euch nach Frieden, der Sternenfamilie und der bedingungslosen Liebe sehnt, die wir verkörpern.

Wie sehr freuen wir uns über diese Einladungen. Es ist eine unermessliche Liebe, die von unserem Herzen zu eurem strömt. Seid ihr doch unsere Familie, Brüder, Schwestern und Dualseelen.

Während die Lichtenergien auf Gaia stündlich steigen, bildet euer Lichtkörper sich langsam in kristalliner Form. Das heißt, ihr werdet auch äußerlich zu göttlichen Wesen, wie wir und eure geistigen Mentoren es längst sind. Das gilt natürlich nur für die Menschen, die „Ja“ gesagt haben zum Aufstieg der Erde.

Was ist mit den anderen? Nun, wenn jemand zum Beispiel im Koma liegt oder der Geist erkrankt ist, auch diese Menschen haben vor der Inkarnation ihr Votum abgegeben und werden nachts immer wieder von ihren Erzengeln gefragt, wo sie denn nun sein wollen. Auch diese Menschen gehen natürlich körperlich und geistig in die Heilung, wenn sie in das hohe Bewusstsein des Lebens eintreten. Oder sie erreichen die vollkommene Heilung durch den Tod. Beides ist möglich, und die Seelen wählen selbst.

Menschen, die den Aufstieg verneinen, das erwähnten wir schon, bleiben in ihrer alten Parallelwelt und werden entweder doch noch das Tor des Aufstiegs wählen, oder aber sie weichen nach und nach aus dem irdischen Leben, was ja seit geraumer Zeit geschieht. Dies ist eine Seelenvereinbarung. Es ist nicht Gott, der diese Seelen nach Hause ruft, sie sind es selbst. Indem zum Beispiel der Körper erkrankt, weil für die Seele der Zykluswechsel unabdingbar ist, wählt diese den Weg zurück ins Licht, indem sie den Körper verlässt.

Jede Seele, die heimkehrt, wird mit Applaus und in Liebe empfangen. Oft sind jene, die ihr glaubtet, durch den physischen Tod für immer verloren zu haben, die Ersten, die euch freudestrahlend begrüßen, wenn ihr lebendig in der Fünften Dimension ankommt. Welchen Weg auch immer man wählt, das Begrüßungskomitee ist immer das gleiche.

Wir öffnen die Arme und empfangen euch mit großem Jubel. Die Zukunft wird jetzt erschaffen von euch, den Erbauern des Goldenen Zeitalters.

☆☆☆☆☆

Der Wandel der Zeit

Die Zeit beginnt sich zu wandeln, Neues löst Altes auf.

Wenn dies für euch nicht sofort ersichtlich ist, liegt es an den Schatten der Dualität, der Erinnerung an den Nebel, der euch einst gefangen hielt.

Natürlich ist es auch die Berichterstattung, denn das, was von den Dunklen noch übrig ist, versucht weiterhin, die Menschen im Unklaren zu halten, indem sie Tatsachenberichte und Nachrichten verfälschen. Um Angst zu schüren, dass aus einer Freiheitsbewegung wieder eine Machtstruktur entstehen könnte.

Was aber nicht geschehen wird. Selbst wenn es euch das Außen so vorgaukelt, als gäbe es Rückschritte, sagen wir euch: Das Licht, das auf die Erde strahlt, lässt keine Umkehr zu. Seht hinter den Vorhang und richtet eure Energie nicht auf das, was die Medien euch suggerieren, weil ihr dies sonst in euer eigenes Leben zieht.

Gesetz der Anziehung: Das, was heute in deiner Aussendung ist, lebst du morgen.

Die Energie der unteren Dimensionen beginnt sich zu verabschieden, was für euch erst einmal Abschied bedeutet. Viele fühlen in diesen Tagen Traurigkeit und Ratlosigkeit. Kein Wunder, wenn ihr wüsstet, wie sehr das Körper-Geist-Seele-System sich nun auf die Energien des goldenen Jerusalems umstellt. Freut euch, denn es macht euch zu dem, was ihr eigentlich seid.

Wer bist du? Wer bist du wirklich? Du bist nicht dein Verstand, nicht dein Körper, nicht dein Außen.

Wer also bist du in WIRKLICHKEIT?

Wenn du dies herausgefunden hast, bist du in der Lage, dein Leben zu dem zu machen, was es nach deiner Erfüllung sein soll. Sowohl im Kleinen, wie im Großen. Egal, mit wie viel Schwere dein Leben gespickt ist, sobald du voll bewusst bist, kannst du den Spieß umdrehen.

Nicht die Umstände bestimmen dann dein Sein, sondern du bestimmst die Umstände. Von innen nach außen, nicht umgekehrt.

☆☆☆☆☆

Die Botschafter des Lichts

Seid Leuchtfeuer für andere. Vergesst bitte nicht euren Auftrag, nämlich Wegweiser zu sein für euer Umfeld. Dies geschieht schon, indem ihr im Hier und Jetzt anwesend seid. Denn wir werden uns offiziell vorstellen, und zum vereinbarten Zeitpunkt findet die Übertragung durch die Fernsehsender statt.

Wir sind alle EINS, viel mehr als ihr gedacht habt.

Was wird sich verändern, wenn wir offiziell auf der Erde anwesend sind? Unsere Technologie wird euch zur Verfügung gestellt, was euch völlig unabhängig macht. Die vollkommene Offenlegung der UFO-Akten. Die Vertuschung hört auf.

Das Leben mit uns bedeutet einen großen erleichternden Wandel in vielen Bereichen eures Lebens. Durch den offenen Umgang mit der Galaktischen Föderation des Lichts wird eine neue Gesellschaft ins Leben gerufen. Neue Ideen werden Gehör finden, es entstehen eine lichtvolle neue Struktur sowie neue Berufe.

Unsere Technologie macht euch nicht nur unabhängig, sondern sie ermöglicht Fülle und beheizten Wohnraum, Bildung, ausreichend Nahrung, medizinische Versorgung und eine reine Umwelt für alle Menschen.

Kein Wunder, dass sich die Sternensaat, die Botschafter des Lichts, so danach sehnen, dass sich diese zwei Welten endlich vereinen. Innerlich wissen die Menschen von dem Wunder, das in ihr Leben kommt, wenn der Tag der Deklaration da ist.

Nachts reist eure Seele zu uns, um zu lernen, zu regenerieren oder verstorbene Verwandte zu treffen. Man kann sagen, eure Seele ist fast jede Nacht unterwegs, und oft ist es so, dass ihr vom vielen Austausch in der Geistigen Welt euch tagsüber fühlt, als hättet ihr nicht geruht, sondern gearbeitet. Nichts könnte treffender sein als das, denn die Seele ist so hungrig nach Informationen.

Wir wissen, wie es euch geht, und sind voller Bewunderung für euch. Nachhaltig und zäh, ohne euch aufhalten zu lassen, tragt ihr das Licht in die Welt hinaus. Ohne Dualität hätte es dieses Massenerwachen niemals geben können.

Ohne Vergessen kein Aufwachen!

Seite an Seite schreiten die Krieger des Lichts voran, denn das seid ihr wahrlich: mutige Krieger des Lichts.

Zeigt und sagt öffentlich, was ihr von euren Regierenden möchtet. Seite an Seite, vereinigt euch, denn in der Masse seid ihr stark. Geht friedlich in die Öffentlichkeit, trefft euch mit anderen und setzt eure Ziele durch.

So lange wurde das Volk nicht gehört, nun ist die kosmische Sonneneinstrahlung so stark, dass unweigerlich das unterstützt wird, was zum Wohl aller ist: Gerechtigkeit, Frieden, gesicherter Lebensstandard und eine saubere Umwelt.

Lichtvolle Persönlichkeiten treten an die Öffentlichkeit, und es ist nun an unseren Verbündeten, ihren Auftrag zu erfüllen.

Seite an Seite planen und setzen ihr, die Botschafter des Lichts, und wir, die Familie aus der Sternensaat, zusammen den Tag der Erklärung in die Wirklichkeit um.

☆☆☆☆☆

Leuchtfeuer für andere sein

Liebe Erdenkinder, ihr befindet euch in einer Zeitschlaufe. Darum haben viele das Gefühl, dass der persönliche Aufstieg feststeckt.

Nun, das ist keineswegs der Fall, sondern die Zeit ist so immens beschleunigt, dass Gaia nun kurz vor dem Eintritt in die Raum- und Zeitsphäre steht. Das Raum- und Zeitgefüge löst sich auf: Es ist immens beschleunigt, was uns euch täglich näherbringt.

Wieder steht ihr vor einem riesen Übergangstor und wartet ungeduldig, bis es sich von alleine öffnet.

Es öffnet sich individuell, ihr könnt also alleine durchschreiten oder im Verband eurer großen Seelenfamilie. Seelenabsprachen geschehen vor der Geburt und sind sehr wichtig, weil ihr euch damit absichert, denn in diesen Absprachen verabredet ihr euch mit den Freunden, um sicherzugehen, dass ihr wichtige Passagen eures Plans auch einhalten könnt.

Sollte also ein Mitglied Gefahr laufen, an seiner Blaupause vorbeizuleben, setzen starke Spiegelungen von seiten der Seelenfamilie ein, was zwar für euch unangenehm sein kann, doch nur so könnt ihr erkennen, welchen Weg ihr einschlagen sollt.

Geradezu wie Leuchtfeuer sind diese Hinweise, die ihr von uns erhaltet, den geistigen Mentoren und Engeln, und von euren Mitmenschen.

Das Erwachen der Massen beschleunigt die Zeit immens. Das Volk in den gebeutelten Ländern steht auf und tritt trotz aller Gewalt für seine Ziele ein. Welch mutige Menschen, welch unermüdlicher Einsatz und Zusammenhalt. Plötzliches Erwachen befürchten eure Machthaber am meisten, denn dann seid ihr bewusst und durchschaut jede Lüge und selbst inszenierte Machtschauspiele.

Trotz der Unruhe und Reinigung von Gaia behaltet bitte den Überblick. Alte Strukturen und Machthaber brechen ein und zeigen ihr hässliches Gesicht. Doch der Sieg des Lichts ist gewiss.

Das alte Paradigma löst sich auf, die himmlischen Dekrete beginnen zu wirken. Die Erdenbewohner gehen in ihre Eigenverantwortung und stehen füreinander ein, für Gerechtigkeit, Liebe, Fülle und Frieden.

Wir, die Galaktische Föderation des Lichts, sind überrascht und hocherfreut, wie sehr ihr die Zeit vorangetrieben habt. Was uns die Möglichkeit gibt, uns noch vor dem göttlichen Ultimatum vorzustellen, um euch den Übergang so leicht wie möglich zu machen.

Leuchtfeuer der Erde, Meister, die erwacht und nicht nur bewusst sind, sondern die früher als erwartet ihren lichtvollen Dienst an der Menschheit aufgenommen haben.

Welch unermessliche Freude, die Galaxie sieht euch beschützend und begeistert zu, wir applaudieren in stehenden Ovationen für euch. Wenn ihr wüsstet, wie unermesslich geliebt und beschützt ihr seid.

Wenn Menschen zu Schaden kommen, ist das eine Absprache der Seele vor der Geburt. Wir dürfen in diese karmischen Gesetze nicht eingreifen, doch wir mildern und helfen, wo wir können.

Vergesst nie: Ihr seid Leuchtfeuer für andere und die Meister und Botschafter des Lichts.

So der Auftrag erfüllt ist, startet das, worauf ihr alle wartet. Die Übergangsregierung tritt in Kraft, und gleich danach betreten wir die Bühne. Eingeladen von den Leuchtfeuern der Erde, den irdischen Engeln und Meistern der Bewusstheit.

Fang bitte an zu begreifen, wer du eigentlich bist. Fanfaren des Himmels ertönten bei deiner Geburt, deinem Eintritt in das Leben und Vergessen.

Welch mutiges, hohes, lichtvolles Wesen, das zugestimmt hat und hineingeglitten ist in das verkörperte Leben. Welch unermessliche Freude, ein Engel, Meister, ist zurück im Himmel, ohne den Körper zu verlassen. Nun beginnt sich das himmlische Zuhause für dich zu öffnen. Langsam öffnet sich die Erinnerung, und du erkennst.

In Wahrheit hast du den Platz im Himmel und deine Freunde, deine Liebe, nie verlassen; die Trennung war eine Illusion.

Das Goldene Jerusalem entsteht gerade. In den höchs-ten Dimensionen wird es von den Menschen schon bewohnt. Die alten Dimensionen sind abgekoppelt. Die Erdenbewohner haben entschieden.

☆☆☆☆☆

Das Erwachen der Massen

Ohne euch wäre die Umwandlung der Erde niemals zustande gekommen. Ohne euer Licht, das wie lebendige Lichtsäulen in die geistige Heimat strahlt, wären die Dinge nicht in Bewegung gekommen.

Ja, wir nannten euch Lichtsäulen. Gleiches zieht Gleiches an. Wie unten, so oben, und umgekehrt. Hohes Licht kann in die irdische Atmosphäre eintreten, weil ihr es seid, die dieses Licht angefordert haben.

Die Botschafter der hohen Dimensionen, so nennen wir euch oft. Ihr seid zusammengekommen, habt das Licht gebündelt, und somit war die Umwandlung nicht aufzuhalten.

Auch wenn man euch suggerieren will, dass die Demokratie und der Frieden in den Ländern der Unruhen nur sehr schwer durchzusetzen sind, bitten wir euch, zu filtern. Filtert diese Nachrichten mit dem Herzen, nicht mit dem Verstand. Sendet eure Energie nicht in die Problematik, dies wollen die Machthaber nämlich damit erreichen.

Gebt eure Energie in den positiven Ausgang. Nichts fürchten die Dunklen mehr als das Erwachen der Wähler. Genau dies passiert seit geraumer Zeit. Das Erwachen der Massen und das Sichtbarwerden der alten Strukturen, bevor diese einbrechen und verschwinden.

Vom Volk und von den Botschaftern des Lichts herbeigeführt, die ihre Energie bündelten und starke Lichtsäulen auf der Erde verankert haben. Seht, wie machtvoll ihr seid und wie sehr sie, die alten Machthaber, das Bewusstwerden der Menschen fürchten und unterbinden wollen.

Dies gelingt ihnen nicht, denn die Umwandlungen sind nicht mehr zu stoppen. Die hohen Einstrahlungen bewirken das Einfallen des alten Paradigmas. Der Verlauf des Erwachens entfernt alles aus den Tiefen des Seins, was nicht der Wahrhaftigkeit entspricht.

Was abgekoppelt wurde, wird nach und nach von der Erde transformiert.

Natürlich habt ihr unsere Unterstützung für den Prozess des Aufstiegs und die damit verbundenen Aufgaben, die euch gestellt sind.

Hohe Geistwesen, Engel, Erzengel und wir, die Galaktische Föderation, sind und waren immer eure Unterstützer, Freunde, Dualseelen und Familien. Es ist uns eine Ehre, Seite an Seite mit euch wirken und leben zu dürfen.

Wie ihr diesen Weg aus der Dichte schneller beschreiten könnt? Nun, indem ihr euch Hilfe bei den irdischen Mentoren holt, und indem ihr in der Ausrichtung der höchsten Dimension lebt.

Sendet nur das aus, was ihr wieder zurückhaben und leben wollt. Achtet die kosmischen Gesetze. So fließt sehr viel mehr hohes Licht durch euch, und der kristalline Prozess, auch der eurer Seelenfamilie, wird beschleunigt.

Der beste Weg, um so schnell wie möglich die Dualität und die damit verbundenen Alltags-, Gesundheits- und Partnerschaftsprobleme loszuwerden, ist EINE MÖGLICHST HOHE EIGENSCHWINGUNG. Erreicht innere Heilung, dann verändert sich das Außen automatisch mit.

Was aber passiert im Körper, wenn er immer feinstofflicher wird? Dazu gleich mehr von Erzengel Michael.

Erzengel Michael spricht über den kristallinen irdischen Körper

Wenn die jeweiligen neuen kosmischen Energien auf irdische Körper treffen, geschieht etwas, das man Transformation nennt. Klar, das wisst ihr längst.

Doch was genau geschieht nun in euch? Die Zellen gewöhnen sich an die lichten Frequenzen und haben längst angefangen, sich zu regenerieren, so stark, dass der Prozess des Alterns gestoppt ist.

Die DNA ist wieder vollständig hergestellt, und das treibt den Anhebungs- und Kristallisierungsprozess voran.

So habt ihr die Wahl zwischen den alten Erfahrungen, die ihr immer wieder anschauen und leben könnt, oder loszulassen, und damit meinen wir, auch alles Alte loszulassen, was den physischen Körper betrifft.

Wie zum Beispiel Bewegungsmangel, Missachtung der Warnzeichen des Körpers, mühselige Beschäftigung mit eurem Gewicht. Oh, das interessiert euch?

Nun, wer in Sachen Schwere des physischen Leibes etwas verändern will, sollte bedenken, dass es kein Zufall (Selbsterschaffung) ist, dass der Körper so ist, wie er ist. Nebenbei bemerkt: Wir lieben euch gerade dafür, weil ihr mit dem verkörperten SEIN auf gewisse Themen aufmerksam macht, also, schlicht gesagt: Wir lieben euch so, wie ihr seid.

Aber zurück zum Thema: Was tun, damit sich Leichtigkeit einstellt?

Achtet bitte sehr genau darauf, was der Körper wirklich braucht. Dann geht einfach davon aus, dass der Idealzustand so, wie ihr ihn haben wollt, schon hergestellt ist. Wenn ihr dabei noch Freude empfindet, zieht der magische Ring der Anziehung sehr schnell das in euer Leben, was ihr aussendet.

Während die kosmische Sonne ihre Strahlung erhöht, seid ihr in der Lage, blitzschnell zu manifestieren, allein über die Gedanken und, viel intensiver noch, über die Emotion. Wenn 100 Prozent der Gedanken am Tag in eine Richtung laufen, was passiert dann?

Ja, daran bemerkt man es leicht. Hier nur ein paar Beispiele: Die Nachbarin macht Ärger, weil du ihn tagelang befürchtet hast; der Banker sperrt den Dispo, weil du sooft daran gedacht hast; die Freundin zweifelt im Gespräch die Treue deines Freundes an, weil du vorher solche Gedanken hattest; die Autobatterie gibt den Geist auf, weil du Angst hattest, der Wagen könnte nicht starten, usw.

Erkennt ihr es? Es ist ganz leicht. Ja, wirklich. Ihr müsst eure Gedanken nur umkehren, sozusagen bewusst umpolen.

Wer also weniger wiegen will, sollte alle seine Gedanken und Aussendungen so ausrichten, dass er es schon IST. Nämlich, dass es schon vollbracht ist, dass das Gewicht ideal ist. Nicht nur einmal am Tag, sondern dauerhaft, was von euch verlangt, dass ihr eure Gedanken reflektiert – ständig.

Anstrengend? Nur anfangs, bis es euch in Fleisch und Blut übergegangen ist, um es in euren Worten zu sagen.

Es sei aber noch angemerkt, dass ihr nur so sein könnt, wie es im Seelenvertrag steht und dem höchsten

Licht entspricht. Was wir damit meinen ist, dass Magersucht, Essstörung, ein extrem niedriges oder extrem hohes Gewicht betrifft, nicht mehr funktioniert.

Wie schnell die Umwandlung geht? Das ist individuell, doch diese körperliche Umstrukturierung kann sehr schnell gehen, sobald der innere Kern feinstofflich ist.

Dass gewisse Dinge nur in Umlauf gebracht wurden, um mit Diätmitteln usw. Geld zu machen, ist sicher nichts Neues für euch, aber bedenkt bitte, dass der kristalline Lichtkörper nicht auf alte Ernährungsdogmen reagiert. Bist du sicher, dass dein Körper noch auf alte Joule-Regeln reagiert?

Ich bin Erzengel Michael.
Ich danke und sage: Bis gleich…

Vergesst bitte nie:
Ihr seid die, auf die die ganze Galaxie mit Spannung und Beifallsbekundungen schaut.

☆☆☆☆☆

Die Tierwelt und der Aufstieg

Die Tierarten, die niedrig schwingen und unter anderem Krankheiten übertragen, wie zum Beispiel Moskitos, Kakerlaken, Ratten, Zecken, verschwinden von der Erde und werden auf einen anderen Planeten transformiert, der ihrer Schwingung entspricht.

Aber was passiert mit der Artenwelt in der Phase des Aufstiegs und danach?

Es wird aufhören, dass Tiere leiden, weil sie zusammengepfercht in sogenannten Auffangstationen leben müssen. Es gibt in den Jahren nach 2012 hoffentlich keine Tötungsstationen mehr für Tiere und keine Massenauffanglager. Weder für Nutztiere, noch für andere.

Die lichtvollen tierischen Heime entstehen schon seit geraumer Zeit.

Herzlichen Dank von der Vereinigung aller Engel an die Menschen, die dieses mit ganzem Herzblut unterstützen und ihr Licht in den Tierschutz fließen lassen. „Ananasha".

Es wird keine Massentransporte mehr geben und kein brutales Rinderschlachten. Weil ihr es seid, die diese Dinge verändern.

Je lichtvoller ein Mensch, umso mehr ernährt er sich pflanzlich. Wenn ihr dennoch Fleisch essen wollt, raten wir euch, die biologischen Betriebe zu unterstützen und dort einzukaufen.

Ob ihr alle zu Vegetariern werdet?

Ja, das geschieht automatisch. Je höher ihr steigt, umso weniger Fleisch werdet ihr essen und umso weniger wird produziert. Die Landwirtschaft stellt sich auf biologische Anbauweisen um. Die Menschen gehen bewusster und verantwortlicher mit ihren Tieren um.

Gaia trägt euch hoch, und die Bewohner der Erde, die bereit sind für den Quantensprung, werden langfristig bleiben. Diejenigen, die Nein gesagt haben zu diesen Abläufen, wurden abgekoppelt und werden nach und nach von der Erde transformiert. Dies beinhaltet natürlich die Gefahr der Krankheiten.

Je höher ihr schwingt, umso weniger zieht ihr diese schweren Dinge an. Der beste Schutz vor Krankheiten ist eine möglichst hohe Eigenschwingung.

Je mehr hohes Licht durch euch fließt, desto mehr setzen die Selbstheilungskräfte des Körpers ein.

So ist es möglich, dass sogar chronische Krankheiten durch diesen Aufstieg heilen.

Was ist nun aber mit euren Haustieren? Nun, sie steigen mit euch auf, und auch bei ihnen ist ab einem bestimmten Level der Eigenschwingung der Alterungsprozess gestoppt, und sie müssen nicht mehr erkranken. Was sie oft aus Liebe getan haben, um euch etwas abzunehmen. Aber das ist dann nicht mehr nötig.

Auch eure tierischen Freunde heilen ganzheitlich, und sollten sie krank sein, besteht die Möglichkeit der umfassenden Heilung.

So wie ihr leben auch eure tierischen Freunde nach ihren Seelenabsprachen. Sie sind nicht zufällig bei euch gelandet. Sie kamen in euer Leben, weil sie zum Beispiel schon einmal in einer Inkarnation bei euch waren.

Diese Seelenabsprache in Liebe ist etwas, was euch schützt, erdet, und euch vor allem auf der Erde hält. Selbst dann, als eure Sehnsucht nach eurem geistigen Zuhause so groß war, so intensiv, dass ihr um ein Haar eure Inkarnation abgebrochen hättet, um neu zu starten. Die Tiere sind wie ein Sicherheitsseil.

☆☆☆☆☆

Es meldet sich zu Wort: Hatonn – Kommandant der interplanetarischen Flotte

Welch großes Ausmaß die Begleitung und der Schutz Gaias und ihrer Bewohner ausmacht, könnt ihr am Tag unserer Vorstellung sehen, denn wir sind tatsächlich zu Tausenden hier, und das schon seit sehr langer Zeit.

Euer Aufstieg und das Experiment sind geglückt, dass diejenigen jetzt tatsächlich verkörpert in die himmlischen Gefilde zurückkommen, deren innigster Wunsch es war, dafür ausgesandt zu werden.

So sind wir in unseren Lichtschiffen auf Gaia anwesend. Wie oft standen wir auf unserer Kommandobrücke und hielten den Atem an vor Entzücken, wie mutig und geradlinig die Botschafter der Botschafter ihre Herausforderungen meisterten.

Gerade sie sind es, die generell mit sich selbst sehr hart ins Gericht gehen und oft diese innere Unruhe spüren, weil die Seele weiß, wie wichtig das eigene Vorankommen auch für andere ist.

Es war so, dass wir am „Point of no return“ unweigerlich starten mussten. Das Zusammentreffen mit der Erdenfamilie, die Offenlegung und die dazugehörigen Fernsehinformationen waren immer schon in unserer Planung vorhanden, und es wird so kommen.

Man versucht, euch von diesen Dingen fernzuhalten, doch allein die hohe Lichteinstrahlung transformiert alles, was nicht den höheren Dimensionen angehören will und nicht dahingehend transformiert werden kann.

Marix hat euch vom menschlichen Prozess der Lichtverkörperung erzählt. Hatonn möchte hier anfügen, dass ihr euren Körper so, wie er nach außen erscheint, selbst kreieren könnt, und wahrlich, das ist eine eurer Glanzleistungen.

Erschaffen mit der Kraft der Aussendungen – durch Emotion, Sprache und Gedanken. Immer wieder wurde das hier wiederholt. Warum? Weil es sehr wichtig ist, denn was so von euch verfügt wurde, wird sich sofort in der Realität zeigen. Alles, was ihr denkt und über das Herz aussendet, über die Emotion, wird unverzüglich vom Gesetz der Resonanz in eure Wirklichkeit treten.

Keine Sorge, dazu wird es tatsächlich für jeden Menschen frei zugängliche Televisions- und Radiosendungen geben, wo ihr angeleitet werdet, wenn ihr das möchtet, und alles erfahrt, was für diese Epoche wichtig ist.

Ich bin Hatonn und Kommandant der interplanetarischen Flotte. Meine Heimat sind die Plejaden. Es ist mir eine Freude, dir Einblick in die Welt der Sternenfamilie zu geben. Unsere Lichtschiffe haben im Inneren das, was sich für euch wahrlich als Jungbrunnen anfühlt. Diese Räume sind natürlich auch für jeden Erdenbürger, der hier Dienst tut oder sich aufhält. Die Bereiche sind individuell zugeschnitten, sodass in der kurzen Zeit der Erholung wahrlich Wunder geschehen können.

Wir wirken in Bereichen, die ständig der neusten Technik angepasst sind. Für Schlaf und Erholung benötigen wir nicht viel Zeit, meistens nur einige Stunden. Daher versuchen wir, die kurze Phase so effizient wie möglich zu gestalten. Es gibt Gemeinschafts- und Privatbereiche, in denen wir uns gewöhnlich nur zum Schlafen aufhalten. Wir sind sehr gesellig und lieben es, zu teilen oder für andere zu erschaffen, wir arbeiten Hand in Hand.

Warum erwähne ich diese oben genannte Wellnessabteilung immer wieder?

Nun, weil du dich nachts oft dort aufgehalten hast, um dich zu erholen. Ja, deine Aufenthalte auf dem Lichtschiff dienten nicht nur dem Lernen, sondern waren tatsächlich genauso oft privater Natur. Ich erwähne das in der Vergangenheitsform, weil du uns ja nun im Tagesbewusstsein sehen und besuchen kannst.

So trafen wir uns nachts, wenn du schliefst, nicht nur, um gemeinsam zu wirken, sondern auch, weil deine Familie dich gerufen hatte, um dich auf den offenen Kontakt vorzubereiten.

IHR SEID UND WART NIEMALS ALLEIN!

Bleibt bitte ruhig und in der Liebe, und vergesst bitte nicht: Ihr seid weisende Lichter für die, die euch folgen.

Hatonn verabschiedet sich für diesen Moment und segnet dich. Im lichten Schein des Lichtschiffs verneige ich mich dankend und gleite zurück auf meine Station.

☆☆☆☆☆

Alles, was getrennt ist, wird vereint

Heute melden wir uns zu Wort, um die Verbindung zu erklären, die wir zu den Erzengeln und den Aufgestiegenen Meistern haben.

Wir, die Galaktische Föderation des Lichts, deren oberster Repräsentant JESUS SANANDA ist, trennen und unterscheiden nicht zwischen den Engel und uns. Denn wir sind alle EINS und wirken Hand in Hand. Dieses Erdengesetz, dass jemand einen höheren Status hat, ist für uns nicht wichtig, denn wir stellen uns über niemanden und werten nicht. Wir würden auch nie jemanden, der auf unseren Schiffen um Einlass bittet, abweisen.

So kommt es vor, dass sogar eure Verstorbenen, um den Erdenbegriff dafür zu benutzen, um ein Gespräch oder unbefristeten Aufenthalt in einer unserer Stationen bitten.

Sie tun dies, um sich mit Freunden zu treffen oder Erfahrungen zu machen. Sicher ist bei dieser Gelegenheit auch oft die Rede von euch, und was meint ihr, wie stolz die lieben Seelen sind, wenn wir ihnen berichten, wie mutig ihr an das Ziel gelangt seid – den verkörperten Eintritt in die Himmelswelt.

Was das für jeden einzelnen Menschen bedeutet, ist unwahrscheinlich schön, bringt es euch doch das zurück, was ihr glaubtet, für immer verloren zu haben: die lieben Verstorbenen und das gelebte Bewusstsein eines Engels.

So bitte ich nun Erzengel Michael, die Verbindung zu erklären, die er und seine Kollegen zu der Galaktischen Föderation des Lichts haben.

Ich bin Erzengel Michael, und es ist mir eine Ehre, gemeinsam mit den kosmischen Freunden hier zu sprechen:

Der Aufstieg der Erde und ihrer Kinder auf ihrem Rücken war und ist für uns, die geistigen Mentoren, eine große Herausforderung. Es gibt viel zu tun, und wir teilen die Aufgaben, indem wir zusammen wirken. Wisst, dass der verkörperte Seelenaufstieg nie zu Ende ist, aber die wichtigste Etappe (2012) habt ihr erreicht, indem die Erde euch hochtragen durfte.

Nun aber zur Verbindung der Galaxie und der Engel:

Wir sind mit den Sternengeschwistern verbunden, weil sie sehr lange schon unsere Freunde sind und wir alle aus der göttlichen Quelle stammen. So habe ich ein Ehrenamt, das mich dazu bewegt, die Erdenschiffe aufzusuchen oder telepathischen Kontakt mit der Crew zu halten.

Wenn du also die blinkenden Sterne am Himmel siehst, sei gewiss, dass das Erdenschiff dir zuwinkt und die Grüße und den Segen der Engelwelt zu dir bringt.

Die bemannten Stationen befinden sich nicht nur am Himmel, sondern auch auf dem Boden. Die Tage sind vorbei, in denen man versucht hat, euer Interesse von uns fernzuhalten.

Denn wahrlich, wir sitzen oft zusammen mit den Aufgestiegenen Meistern, den Cousins aus der inneren Erde, den Engeln, den irdischen Verbündeten und der Sternencrew – an einem runden Tisch, um die folgenden Tage zu besprechen und zu beraten, wie wir zum Beispiel Gaia mit euch zusammen von den Umweltverschmutzungen befreien können.

Es ist uns eine große Freude, euch mitzuteilen, dass die eigentlichen Helden der Geschichte gerade diese Zeilen lesen. Ja, die Stars des Geschehens seid ihr selbst, viel mehr sogar, als euch zu diesem Zeitpunkt bewusst ist.

☆☆☆☆☆

Die Umbrüche, die Anpassung der Welt an die Energie des Goldenen Zeitalters

Die Erde schien zu weinen, denn viele Menschen spürten die kollektive Traurigkeit der Vergangenheit.

Diese Umwandlungsabläufe waren für Gaia, die euch trägt, sehr anstrengend. Wie ihr wisst, ist ihr Geist lebendig, und sie weint um die Menschen, die in diesen Katastrophenzeiten zu Opfern wurden. Sie weint auch vor Freude, weil ihre Kinder, die sie so lange getragen hat, anfangen, bewusst zu werden, füreinander einzustehen, zu teilen und für andere zu sorgen.

Ja, es ist eine große Seelenabsprache, die nun alles hält und trägt. Eure Bereitschaft zum Aufstieg und euer Wille des Teilens, indem ihr die anderen Seelen in eure Mitte und Liebe nehmt.

Doch was, wenn Menschen im Umfeld die Anpassung nicht wünschen? Dann achtet bitte ihren freien Willen und geht voran.

Das Loslassen, bedingungslos, ohne Wertung, Erwartung oder Forderungen zu stellen, ist euch immer wieder begegnet. Eine Seelenerkenntnis, die sehr wichtig ist. Denn dieses bedingungslose Loslassen ermöglicht es denjenigen, die gerade nicht in eurer Energieschwingung sein wollen, ihre Erfahrungen zu machen. Vertraut ihnen, sie schließen auf.

Der Seelenaufstieg! Eine große Masse von Menschen, die sich emporbewegen. Die, die vorne gehen, tragen eine hohe Verantwortung, denn sie dürfen weder straucheln, noch sich zurückbewegen. Wenn sie das Ziel erreichen, dann tun es unweigerlich auch diejenigen, die den Weg der Erkenntnis später und in ihrem eigenen Tempo gehen.

Die Menschen, die der Seilschaft nachfolgen, werden den Gipfel erreichen, weil die Vorangehenden sie unweigerlich nachziehen.

Achtet bitte auch auf das Gesetz der Anziehung und auf den freien Willen der anderen. Denn alles, was in eurer Aussendung ist, kommt im „Jetzt" zu euch zurück. Das, was ihr heute sagt und denkt, lebt ihr morgen. Das Leben an sich wird also so, wie es im Außen ist, von euch im Innen kreiert.

Wenn die Energie und Aufmerksamkeit vieler Erdenbewohner in eine Richtung geht, also zentriert ist, ist diese Aussendung unglaublich mächtig. Göttlich mächtig. Bleibt darum bitte in der Liebe und lasst nicht zu, dass man euch manipuliert, indem man euch spaltet und die öffentlichen Medien eure Angst schüren.

Erdbeben, speiende Vulkane, Atomkatastrophen, Fluten, Dürre, Orkane, Länder, die sich aus der Zensur befreien – ihr Lieben, lasst eure Herzenergie weiter dorthin fließen, wo diese Lichtarbeit dringend gebraucht wird.

Wir wissen, wie es euch geht, wir wissen, wonach sich euer Herz sehnt. Die Bitten und Gebete an uns und die Engel sind hier angekommen, und wir verbeugen uns vor euch.

Was seid ihr doch für wunderbare Seelen, die derzeit ausgesendet wurden, um genau diesen Dienst zu tun, den ihr ausfüllt, um genau dort zu sein, wo ihr gerade seid.

Es gibt keine Fehler, Schuld oder Zufälle auf Erden, es ist alles in Bewegung. Alles obliegt der göttlichen Ordnung.

Warum wiederholen wir manche Dinge immer wieder? Nun, damit ihr euch erinnert und das uralte göttliche Wissen in euch geweckt wird.

Denn darum geht es tatsächlich, während ihr uns entgegengeht, emporsteigt, ohne den Körper zu verlassen: UM DAS ERINNERN, DAS GEWAHRWERDEN.

Wir, die Galaktische Föderation des Lichts, möchten euch sagen: Wir helfen, mildern und greifen ein, so gut es die karmischen Angelegenheiten zulassen. Und das in der Vergangenheit und im Jetzt.

Wenn wir um Hilfe gebeten werden, sind wir da. Doch vorher muss die Menschheit die Chance haben, zu erkennen. Die Völker sind es, die nun wählen und ihre Zukunft selbst entscheiden. Genau dies geschieht jetzt, das Massenbewusstsein wandelt sich um IN LIEBE.

Wie wir mit euren Regierungen in Verbindung stehen? Mit Hilfe unserer Verbündeten. Diese Verbindungen bestehen, wie ihr wisst, seit langer Zeit. Wie im Kleinen, so im Großen.

So warnten wir die Machthaber vor den Auswirkungen der Wasserstoffbombe und der Atomversuche. Die Auswirkungen dieser Versuche wurden von uns neutralisiert, sonst wären unter anderem jetzt eure Erbanlagen immens geschädigt. Der Aufstieg Gaias und eure Bewusstwerdung durften zu keiner Zeit in Gefahr sein.

Der Zykluswechsel und das Loslassen

Da die Vibrationen der Erde beständig steigen und die Lichtträger im Inneren informiert sind, da sie uns im Schlaf oder Tagesbewusstsein besuchen, kann es zu Grenzerfahrungen kommen, gerade bei jenen, die schon ein wenig mehr an Lebensjahren tragen, süchtig und/oder chronisch krank waren (sind) beziehungsweise bei Lichtträgern, die sich nicht in der Mitte der Gesellschaft sehen.

Grenzerfahrungen also, die andeuten, dass auch im Körpersystem derjenigen, die bislang ein schweres Los zu tragen hatten, sehr lichtvolle Heilungen und Aktivierungen geschehen.

Dies kann aber dazu führen, dass sie erst einmal in alte Muster gehen und auf ein Unrecht oder generell auf ihre Lebenssituation aufmerksam machen.

Darum bitten wir euch: Denkt nicht sofort in Katastrophen, denn es besteht die Gefahr, dass ihr dies kraft eures immens angewachsenen Energiefelds sofort lebt oder andere es euch spiegeln.

Was du heute gedacht, gesagt und gefühlt hast, lebst du morgen, und wahrscheinlich wird es mit dem Lesen dieser Zeilen noch beschleunigt. Was dir die Chance gibt zu erkennen und dir das Gesetz der Anziehung zum Freund zu machen, weil alles, was du brauchst, alles, was du für andere manifestieren willst, in Windeseile zur Realität wird.

Natürlich nur, wenn die herbeigezogenen Dinge und Aktionen zum Wohl aller sind und du dich bei allem, was du erschaffst, an die kosmischen Gesetze hältst.

Ist es euch schon aufgefallen, dass, wenn zum Beispiel gestern jemand gedacht hat: Mein Chef ist sauer auf mich, der Chef binnen kurzer Zeit, manchmal auch am selben Tag, sich genauso verhalten hat?

Das ist ein Beispiel, wie es möglichst nicht laufen sollte, denn so macht ihr euch nur das Leben schwer. Der Vorgesetzte weiß zwar von euren Gedanken nichts, doch die Welle der ausgesandten Energien lässt ihn so reagieren, dass er sie euch spiegelt. Wir sprechen das Thema Spiegelungen immer wieder an, denn diese reagieren mit dem Gesetz der Anziehung.

Nun aber noch einmal zu den Menschen, die ein Verhalten zeigen, das euch fordert, ängstigt oder in Sorge gleiten lässt.

Diese Lichtträger reagieren anders auf die göttlichen Ströme. So kann es bei jenen, die schon älter sind, seit langer Zeit eine Krankheit tragen oder in eurem Sinn verhaltensauffällig waren, passieren, dass sie euch herausfordern, weil sie die Hilfe und Nähe der Fackelträger, der Heiler, der Lichtarbeiter brauchen. Denn alles, was nicht den höchsten Energien entspricht, wird wie Ballast abgeworfen, bevor der Mensch aufsteigt, was aber dazu führt, dass dieser Ballast nochmals gelebt wird, so gelebt, dass er auch nach außen hin präsent wird.

Keine Sorge: Niemand bleibt lange in dieser Transformationsschleife, aber gerade bei Älteren oder chronisch Kranken, verwirrten oder suchtgefährdeten Menschen dauert die Heilung scheinbar etwas länger, denn in Wirklichkeit befinden sie sich nur immer wieder im alten Modus, um auf sich aufmerksam zu machen und andere mit ihrem Verhalten zum Nachdenken anzuregen. Ihr kühnen Fackelträger, wir möchten, dass ihr versteht, was um euch herum geschieht, um euch ein wenig die Angst um die Liebsten zu Hause zu nehmen, denn die Möglichkeiten der kosmischen Heilung sind mittlerweile immens hoch. Der Wechsel in eine höhere Dimension ist individuell und bietet für jedes Wesen die Möglichkeit, dann zu starten, wenn der Zeitpunkt perfekt dafür ist, und so wählen die Lichtträger selbst.

Der Aufstieg hat mehrere Ebenen, von denen aus man starten kann. Es kann also zum Zeitpunkt, wenn du diese Zeilen liest, sein, dass du längst hoch schwingst, aber Mitglieder deiner Familie mit ihren Vorbereitungen für den Zykluswechsel noch nicht fertig sind. Vertraue bitte, denn jeder, der sich auf dem Pilgerpfad befindet, wird auch das Ziel erreichen. Du kennst den Ausspruch: „Die Letzten werden die Ersten sein“?

☆☆☆☆☆

Die Zeit der Kirschblüten

Sinnbild des Aufbruchs, der Reinheit, der Schönheit und des Glücks.

Der Fall der Mauer in Berlin, der Umbruch in Tunesien, Ägypten, Syrien und Libyen, das große Beben, die Atomkatastrophe in Japan und die Flutkatastrophen – die Länder der Unterdrückung erheben und befreien sich von der alten dunklen Regentschaft.

Was haben diese Ereignisse gemeinsam? Sie symbolisieren das Erwachen der Menschheit und den Aufstieg der Erde. Das Volk richtet die Stimme gegen die alten Despoten.

Das Level der Schwingung von Gaia ist mittlerweile so hoch, dass dies allein schon die Umkehr der Erdenbewohner zu alternativen, natürlichen Nahrungsmittel und Energieversorgungen bewirkt.

Gerade in der Politik seht ihr, wie sehr der Wandel Einzug hält. Die alte Elite verliert ihre Glaubwürdigkeit, weil das Volk anhand des hohen Bewusstseins auf Erden in der Lage ist, hinter jede Fassade zu sehen. Es lässt sich nicht mehr belügen.

Wir sprachen davon, dass euer abschließender Zyklus sehr gut abgesichert ist. Durch uns, die Galaktische Föderation des Lichts, und durch die Wiederkehr von Erzengeln, Aufgestiegenen Meistern und Jesus. Sie leben unter euch, sind mit der ganzen Kraft der Geistigen Welt hier. Nicht um die Erde zu retten, denn dieser Punkt ist längst überschritten. Das Licht hat gesiegt.

Nein, Christus und seine Freunde von damals sind unter euch, weil etwas nie Dagewesenes geschieht:

Der blaue Planet vereinigt sich mit der bedingungslosen Liebe des Himmels. Wie im Kleinen, so im Großen. Für diesen Part müsst ihr dieses Mal den Körper nicht verlassen. Der menschliche Körper verliert an Dichte, und der Lichtkörper kristallisiert sich.

Nun, wie ist es möglich, dass zum Beispiel Erzengel und Mitglieder der befreundeten Planten mit euch leben, lieben und gemeinsam wirken?

Wie oben, so unten. Sie besitzen einen Lichtkörper, sind lebend, haben aber ihren Platz im Himmel nicht verlassen. So wie ihr, die Erwachten im Leben, für dieses Event den Körper und die Erde nicht verlassen müsst, einzieht in die himmlischen Dimensionen.

Erinnerst du dich? Erinnerst du dich an diese kühne Planung, die mit ein Grund war für deine freiwillige Wiederkehr in diese Zeit? Was zusammengehört, wird zusammengeführt. Es ist Christus selbst, der euch wieder vereint. Er führt diejenigen zusammen, die schon damals an seiner Seite waren, und wenn dies geschehen ist, schließt sich der Kreis.

Mächtige Reinigungen durchziehen die Welt, Gaia schüttelt ihre Kinder, die noch schlafend waren, wach, und sie duldet keine Technologie auf ihrem Leib, die nicht der höchsten Vibration entspricht, also zum Wohl aller ist.

Tatsächlich ist es kurz vor Zwölf, denn die Trennung der Dimensionen hat längst eingesetzt. So wird alles den Blauen Planeten verlassen, was dunkel ist und nicht in die höchsten Vibrationen eintreten kann. Der Aufstieg an sich ist im Leben möglich, aber auch durch das Verlassen des Körpers. So wählen in dieser Zeit viele Erdenseelen, welcher Weg für sie der leichtere ist.

Der Aufbruch in das Goldene Jerusalem ist jetzt! Die Zeit der Kirschblüten, die Zeit der Krieger des Lichts, ist gekommen!

Wie sehr freuen wir uns auf den Moment unseres gemeinsamen Wirkens. Im Schein des Morgenerwachens führen wir diejenigen zusammen, die dem Experiment der Trennung nur zugestimmt haben, weil sie wussten:

DIE FLAGGE DER BEDINGUNGSLOSEN LIEBE IST ES, DIE ÜBERALL AUF DER WELT WEHEN WIRD. DIE LIEBE IST.

Ich bin Marix von Sirius und gehöre dem Team des Erstkontakts der Galaktischen Föderation des Lichts an. Es ist mir eine Ehre, im Namen der Gruppe meiner Station zu sprechen. Wir segnen und senden euch unsere bedingungslose Liebe.

In unseren Reihen sind auch Engel, Erzengel, Aufgestiegene Meister und Geistführer.

DU BIST UND WARST NIEMALS ALLEIN! DIE DUALITÄT, DIE TRENNUNG ZWISCHEN DEN WELTEN, IST UND WAR IMMER EINE ILLUSION!

Vergiss nie, du bist unermesslich geliebt und beschützt. Eine lichtvolle Verbeugung von deinen Engeln und galaktischen Freunden für dich.

Wir danken für die zahlreichen Einladungen, wir sind euch näher, als ihr denkt. Wir stammen alle aus derselben Quelle. Wir sind EINS.

Der Weg zurück ins Licht

Der Weg der Erde und der Menschheit zurück ins Licht ist es, was diese Zeitepoche beschreibt. Kein leichtes Unterfangen, weder für Gaia, noch für euch, doch gut beschützt und geführt für jeden, der es annehmen kann.

Die Reinigungen – sowohl im Großen, wie im Kleinen. So, wie der Globus alles transformiert, was der alten Energie angehört, tut dies der Mensch auch. Der Seelenaufstieg ist tatsächlich eine Gratwanderung, denn gerade die ersten Etappen haben es in sich. Sobald ihr aber in eine Frequenz eingetreten seid, die der geistigen Heimat sehr nahe ist, sind die Schritte und Erkenntnisse für euch Spielerei.

Dann löst sich Altes im Vorübergehen und nicht, wie am Anfang des Wegs, indem ihr von eurem Körper in die Knie gezwungen wurdet. Ihr hattet immer wieder Pausen, weil der irdische Leib euch diese verschafft hat. Erinnerst du dich daran?

An dieser Stelle möchten wir dir unsere tiefste Anerkennung aussprechen, weil du immer wieder, trotz aller Zerwürfnisse, die Kraft gefunden hast, dich am Licht aufzurichten. Welch wundervolle Seele, der Applaus deiner Engel und Sternenfamilie gehört in dem Moment alleine dir.

Welch mutiges Unterfangen. Du bist vor vielen tausend Jahren mit dem Plan gestartet, dass du in deiner jetzigen Lebenszeit die Möglichkeit hast, dich lebendig emporzuheben, ohne den Körper zu verlassen.

Welche Voraussicht und unglaublich gute Absicherung steckt dahinter. Ja, vieles war mit Unwägbarkeiten gepflastert, was deine Seelenpartner anbetraf. Denn du konntest davon ausgehen, dass du deine Ziele erreichst, doch durfte das nie abhängig sein von deinen Partnern, denn wenn sie gestrauchelt wären, wäre dein Aufstieg auch in Gefahr gewesen. So wurdest du immer wieder gezwungen, loszulassen, was ein Dienst der bedingungslosen Liebe war.

Was sich jetzt so leicht liest, war tatsächlich im Schatten der Dualität nicht einfach, es war absolutes Vertrauen gefragt und die Fähigkeit, nach schmerzenden Tiefschlägen immer wieder aufzustehen.

Dann war da noch der „freie Wille". Bei der Planung der Lebensabläufe habt ihr erkannt, dass auch darin eine Unwägbarkeit steckt. Denn in vielen vorherigen Leben machte genau dieser freie Wille euch einen Strich durch die Rechnung.

Wieso? Nun, wenn ihr euch auf Wegen befunden habt, die zu schwer waren, weil euer Ziel damit immer weiter wegrückte, hat dieser freie Wille euren geistigen Mentoren und Engeln die Hände gebunden. Sie mussten euch den Weg eurer Wahl erleben lassen.

So seid ihr zurückgekehrt in die himmlischen Gefilde, und in Zusammenarbeit mit den Engeln und Mentoren habt ihr beschlossen, auch den „freien Willen" abzusichern.

Und das auch in Situationen, die von euch gewählt sind, aber eine Gefahr darstellen, weil ihr an eurer Blaupause des Lebens vorbeiflattern könntet. Dieses Absichern geschieht anhand der Gnadenfrequenz, dass die Engel und Mentoren eingreifen dürfen, um euch zu schützen.

Der eigenen Lebensplanung voraus sein

Wir öffnen die Arme, um dich zu umfangen und dich in den Heiligen Hallen des Goldenen Jerusalems zu begrüßen. Gerne führen wir, deine Erzengel, Engel, Aufgestiegenen Meister und die Sternenfamilie, dich weiter durch diese Bücher, ja, es werden noch mehrere Bände folgen, was uns sehr freut.

Wir sprachen davon, dass ihr eurer eigenen Lebensplanung voraus seid. Was aber passiert nun mit der Seelenfamilie und dem Partner, mit dem ihr in Liebe alt werden wolltet?

Nun, da, wo ihr seid, befindet sich auch die engste Seelenfamilie, allerdings, und das habt ihr bemerkt, kann es zu Differenzen kommen, was euch verwirrt, und darum möchten wir hier einfügen, dass diese Verzögerungen im Leben oft von euch selbst herbeigeführt wurden, weil ihr zurückgesehen habt und in Warteposition gegangen seid. Dies geschah unbewusst, denn ihr machtet euch Sorgen, zum Beispiel um die Liebe, die scheinbar immer noch im alten Leben verstrickt war.

Für die innere Zufriedenheit und das Glück, ihr Lieben, seid ihr selbst zuständig und nicht eure Partner, denn diese sind wiederum für ihre Zufriedenheit verantwortlich. Ja, Eigenverantwortung war an dieser Stelle des Lebens immer die Erkenntnis.

Dies also zu der beschleunigten Schrittabfolge, wo tatsächlich oft die zuständigen Schutzengel voller Erstaunen über eure Gangart die Luft anhielten und kein Stück von eurer Seite wichen, um ja nichts zu verpassen und euch zu helfen, wenn ihr straucheln solltet.

Es gab oft Diskussionen zwischen den Schutzengeln und euren Erzengeln, die zum Ziel hatten, euch so gut es geht zu fördern und euch jeden Wunsch von der Seele abzulesen. Von den himmlischen Unterstützungen bekamt ihr oft nichts mit, weil ihr euch gerade, um in menschlichen Worten zu sprechen, in einer „schweren Zeit“ befandet. Doch durch diese Zeiten der hohen Abfolge von Lernaufgaben wurdet ihr von uns getragen.

Wenn ihr wüsstet, wie sehr wir euch lieben, wenn ihr wüsstet, wie sehr ihr in der Geistigen Welt bekannt und geehrt seid, ihr würdet täglich lächelnd durch die Straßen gehen.

Oft wurden gerade die Mitmenschen, die strauchelten, von anderen bewertet, und man sah auf sie herunter, nur weil diese scheinbar nicht so schnell vorankamen. An dieser Stelle möchten wir euch bitten: Wertet, fordert und erwartet nichts von anderen, weil ihr dies sonst sofort in euer Dasein zieht.

Es ist euch nicht gegeben, genauen Einblick in die Lebensplanung anderer Menschen zu haben, dies ist nur sehr wenigen Boten des Lichts vorbehalten. Darum könnt ihr nicht wissen, was die scheinbar im „Alten“ sitzenden Lichtträger dazu gebracht hat, sich immer wieder mit den gleichen Lernaufgaben zu beschäftigen, genauso wenig, wie diese eure Seelenabsprache kennen.

Die kosmischen Gesetze, die da sind:

- Der Geist ist allmächtig, das Universum ist mental.
- Wie oben, so unten; wie unten, so oben.
- Wie innen, so außen.
- Prinzip der Polarität.
- Prinzip der Schwingung.
- Jede Ursache hat eine Wirkung.
- Jede Wirkung hat eine Ursache.
- Geschlechtlichkeit ist in allem.

Diese Absprachen werden dir im Dasein immer wieder als Aufgaben entgegentreten, da sie Teil deiner Abmachung sind und wichtige Erkenntnispunkte in der Blaupause des Lebens. Die kosmischen Gesetze gelten mittlerweile auf der Erde eins zu eins.

☆☆☆☆☆

Der Baum des Lebens

Der Baum des Lebens, der da heißt: der Ursprung, die Familie, die ihr in der Geistigen Welt zurückgelassen habt.

Der Baum des irdischen Lebens, die Seelenfamilie, die euch absichert, indem sie spiegelt, und diese Spiegelungen sind wie Leuchtfeuer am Rand der Straße, auf der ihr geht, denn diese Reflektion ist, wenn ihr droht, vom Weg abzukommen, so hell und gleißend, dass ihr davon unweigerlich berührt und aufmerksam werdet.

Wenn ihr also im Austausch mit anderen scheinbar Unangenehmes erfahren habt, ist diese Spiegelung tatsächlich sehr wichtig, weil sie euch auf eine Lernerfahrung im Seelenplan aufmerksam macht.

Ja, die Absprachen der Seelen sind und waren unglaublich gut geschützt, denn so habt ihr Unwägbarkeiten abgesichert. Was in der Geistigen Welt fröhlich und unbefangen geplant war, war in der Dualität manchmal nicht so leicht zu erkennen und umzusetzen. Wir sprechen hier absichtlich in der Vergangenheit, denn die Epoche der schweren Seinsdichte ist beendet, und wenn wir manchmal von Dingen sprechen, die erst später einzutreffen scheinen, tun wir dies mit Bedacht, denn wir manifestieren somit im „Ist"-Zustand.

Genau das möchten wir euch auch raten. Wenn ihr etwas verfügt, ihr Lieben, dann macht es wie die Engel: Wenn sie etwas brauchen, gehen sie davon aus, dass es sofort in ihre Wirklichkeit tritt. Engel sind immer im Vertrauen und zweifeln nie ihre eigenen Fähigkeiten an. So manifestiert bitte aus dem Herzen heraus und zum Wohl aller Beteiligten. Wie aus dem Herzen heraus ein Wunsch in die Erfüllung bringen? Nun, indem ihr dabei in die Emotion geht, oder, anders gesagt, in das höchste, göttliche SEIN.

So könnt ihr schon seit geraumer Zeit alles in euer Leben ziehen, was ihr braucht, und auch anderen helfen, zum Wohl aller Beteiligten. Das Kreieren ist eins eurer Glanzstücke, und ihr tut es ständig, auch jetzt.

Ihr könnt zum Beispiel euren Körper verändern, materielle Dinge heranziehen oder einfach Positives für andere und euch selbst erschaffen. Die hohe Energie von Gaia und die damit beschleunigte Zeit ermöglichen es euch, zu erkennen. Wenn ihr heute etwas denkt, oft ohne zu ahnen, wie stark eure Macht mittlerweile ist, tritt es morgen in eure Wirklichkeit.

Nur zu, spielt damit, seid wieder wie Kinder, probiert aus, wie stark eure geistige Kraft ist. Doch tut es bitte immer zum Wohl aller und dessen, was ist.

Wir sprachen von der Umstrukturierung der Erde im Großen, indem mächtige Umwälzungen geschehen. Die Menschen, die von den Dingen hinter den Dingen keine Ahnung haben, weil sie noch im alten Leben gefangen sind, brauchen dringend euren Beistand, indem ihr ihnen ein Beispiel seid. So glimmt euer beruhigendes Licht auf die Nachfolgenden über. Einfach indem ihr anwesend und in der Liebe seid.

Wo du früher eine Brückenfunktion ausgeübt hast, indem du dich beruflich, zum Beispiel in einer Fabrik, aufgehalten hast, so lange, bis dein SEIN beinahe daran zerbrochen wäre vor lauter Hunger nach dem nächsten Schritt, hast du also auf dieser Brücke denen gedient, die dein Licht brauchten. Seit die Brücken zwischen den Dimensionen aufgelöst sind, ist es dir möglich, in schnellen Schritten in deine Lebensaufgabe zu gehen. So sagen wir dir: Du hattest keine Versäumnisse oder Verzögerungen, du bist genau und sogar zeitbeschleunigt den Weg deiner Blaupause des Lebens gegangen.

☆☆☆☆☆

Lichtträger: Ohne euch wären wir nicht da, wo wir jetzt sind

Die innere Unruhe, die manche Lichtarbeiter empfinden, zeigt an, dass nun ein Weckruf nach dem anderen aus der Geistigen Welt, erschallt.

So es in den Seelenabsprachen steht, werden sich diejenigen angesprochen fühlen, die darin eine Aufgabe haben. Ihr fragt euch, wann denn nun die vorausgesagten Geschehnisse eintreffen?

Nun, da die Geistige Welt längst sehr präsent ist auf Erden, siehe die Aufgestiegenen Meister und Engel, die galaktischen Freunde, die unter euch sind, sind die Ereignisse schon in eurer Umlaufbahn.

Wir, die galaktische Familie, sind voller Stolz auf euch, die ihr nach dieser langen Wanderung keineswegs aufgehört habt, die Vereinigung mit uns zu fordern und euch ausmalt, wie ES geschehen soll. Wenn ihr wüsstet, wie wichtig dies war, denn es war tatsächlich eine vielfache Einladung, der wir folgen durften, sogar mussten! Du bist Schöpfer und ziehst das in deine Wirklichkeit, was in deiner Ausrichtung ist.

Viele Boten des Lichts haben das Gefühl, sie wären für das Ganze nicht wichtig. Doch ihr seid es, ihr seid diejenigen, die in weltlichen Berufen ausharren, so ihr Leuchttürme für die „Sache“ seid, wichtig für das Wohlstandsprogramm und das soziale Auffangnetz, was entstehen wird. Ihr seid wie Leuchttürme, die anderen den Weg weisen. Wir sind alle EINS, und während jeweils neuste, göttliche

Lichtpulse diejenigen erreichen, die wir oft Fackelträger nennen, erhellt sich der Pfad für all jene, die ihnen nachfolgen. Dies alles geschieht meist unsichtbar für eure Augen, doch wisst, wie wertvoll euer Dienst ist, so wertvoll.

Es ist Realität, dass die Boten des Lichts, die laut Seelenplan mit einem interplanetarischen Partner leben und wirken wollen, dies tun können, indem sie zusammengeführt werden. Wie? Nun, indem die Mitglieder der Galaktischen Föderation des Lichts sich in das Leben derjenigen begeben, die so lange schon auf sie gewartet haben.

Um es genau zu sagen, ist dieser Plan schon in der Umsetzung, denn die Boten des Lichts wurden vorbereitet. Sie sind selbst voller Elan immer wieder im Traum in die Basis des Mutterschiffs gereist, um das Event einzuleiten. Sowohl um ihre Lieben, mit denen sie sehr bald schon sein werden, zu treffen, aber auch, um sicherzugehen, dass die Lords des Lichts ihren Segen dazu geben, sodass der Plan Realität werden kann. Denn dieser Akt der Liebe unterliegt der göttlichen Führung, und so seid ihr Vorbilder für andere, denen das Sternenvolk noch fremd ist.

Nichts hat mehr Gewicht für diejenigen, die uns weder wahrnehmen, noch den eigenen Seelenaufstieg weitergehen wollen, da sie einst begonnen haben, sich zu erinnern und dann wieder eingeschlafen sind, anstatt durch euch die lichtvollen Beispiele zu sehen.

Wie also ist die Vereinigung der Boten des Lichts und der Dualseele zu verstehen, und wie wird es geschehen?

Die Regisseure seid ihr, so ihr den Fokus auf diese Vereinigung lenkt und sie kraft eurer göttlichen Verfügung in euer Leben zieht. Denn die galaktischen Freunde und Engel dürfen nur bis zur Mitte der Brücke gehen, den anderen Teil solltet ihr ihnen entgegengehen. Ihr wurdet die ganze Zeit darauf vorbereitet, indem die Schwingung stark angehoben wurde.

Der Plan der Verschmelzung derer, die die galaktische Liebe, Partnerschaft und Freundschaft leben wollen, besteht seit langer Zeit. Es gibt Lichtträger, die diese gesegneten Verbindungen schon leben.

Fühlst du dich oft müde in letzter Zeit, wirst du tagsüber in Gedanken oft abwesend, spürst du tiefe, innerliche Sehnsucht? Ist deine Welt nicht mehr zu verbinden mit der Welt derer, mit denen du die letzten Jahre lebtest? Bist du oft traurig und hast ein Gefühl der großen Aufregung in dir? Bist du dann plötzlich wieder die Ruhe selbst? Ist dein Umfeld für dich wie im Nebel, deine himmlische Familie jedoch ganz klar erkenn-, fühl- und tastbar? Bist du Veganer und das, ohne die anderen unbedingt überzeugen zu müssen, dass sie es auch werden? Hast du oft Herzpochen? Ist deine innere Stimme angeschwollen, sodass du intuitiv durch sie sprichst?

Nun, wir gratulieren dir, dann bist du dabei, die Absprache in Liebe in dein Leben zu ziehen und ein Beispiel für andere, die dadurch ihre Starre, Interessenlosigkeit oder Furcht verlieren.

☆☆☆☆☆

Zeitzeugen des Quantensprungs

Der Quantensprung hat seine Zeitzeugen und wahrlich die einzigartige Möglichkeit, lebendig dorthin zu gelangen, wo normalerweise nur diejenigen durch die lichtvollen Tore schlüpfen dürfen, die kein irdisches Kleid mehr haben.

Immer wieder erwähnen wir das, denn diese Absprache, dass ihr heimkehrt in die Himmelreiche, ohne zu sterben, habt ihr bereits vor der Inkarnation getroffen. So ist dieser einmalige Zieleinlauf etwas, das in der Planung des Lebens steht, und glaubt uns, ihr habt euch sehr gut abgesichert, damit ihr den richtigen Zeitpunkt des Ausstiegs aus allem, was euch beschwert, nicht verpasst.

So bist du nun dort angekommen, wo du unbedingt sein wolltest, und wir fragen dich: Wie fühlt es sich an? Wie fühlt sich das Leben in der Neuen Zeit an?

Oh ja, wir wissen, wie hart deine Herausforderungen waren, und wir wissen, wie oft du loslassen musstest und wie ermüdend es für dein irdisches Kleid war, all die göttlichen Einstrahlungen zu integrieren.

Nun ist es Zeit, nach vorne zu schauen und die Veränderungen zu sehen, die wie ein frischer Frühlingswind über die Länder wehen.

Gibt es jetzt noch Phasen, in denen du dich nach dem alten Leben sehnst? Kannst du dich noch erinnern, wie dein SEIN vor dem Erwachen war?

Ja, wir verstehen, dass du dich zwar nicht zurücksehnst, aber Angehörige und Freunde vermisst, die die Straße der Heimkehrer benutzten, indem sie ihren Körper verließen.

Doch die Verstorbenen, um es in eurem Sprachgebrauch auszudrücken, sind hier, sie sind dir nie näher gewesen als jetzt. Ihr befindet euch auf der gleichen Ebene. Das Einzige, was jetzt noch nötig ist, um wieder mit ihnen vereint zu sein, sind Vertrauen und Übung.

Ja, Übung, denn wer keinen Körper mehr hat, zeigt sich zwar oft so, wie er als Mensch ausgesehen hat, doch bedeutet es für eure Sinne eine Umstellung, denn ihr nehmt Licht wahr und keine Materie aus Fleisch und Blut.

Wie sehr sich eure Lieben darauf freuten, wieder mit euch vereint zu sein, könnt ihr nur erahnen, denn diese Freude war so groß, dass in bestimmten Abschnitten eures Lebens eine große Sehnsucht auftauchte, Sehnsucht nach zu Hause, dem wahrhaftigen Zuhause.

Was durchaus verständlich ist, denn ihr wurdet ja sehnsüchtig erwartet von den Lieben, die sich längst in der Geistigen Welt aufhielten und wussten, dass ihr eure Pilgerreise mit Erfolg absolvieren würdet.

Ihr glaubt gar nicht, wie nahe die euch Vorausgegangenen die ganze Zeit waren – näher als ihr denkt.

Wir möchten nochmals wiederholen, dass zwar alles, was mit Dualität und alter Frequenz zu tun hat, transformiert wird, jedoch der Eintritt in die Himmelswelt individuell ist, denn auch wenn ihr schon Zeitzeugen seid, befinden sich noch viele Menschen auf dem Pfad des Aufstiegs. So hat der Aufstieg viele Ebenen, von denen aus die Menschen starten können.

Die Erde trägt euch zwar hoch, doch sie bietet jenen, die noch nicht bereit sind, durch die Himmelstore zu treten, die Möglichkeit, von ihrer eigenen Ebene aus zu starten, wobei diese sich auf den Plateaus auch ausruhen dürfen.

Dies setzt aber voraus, dass diejenigen, die euch nachfolgen, dem Fluss der Transformation immens ausgesetzt sind, was den scheinbaren Stillstand, das Eintauchen in alte Themen und das Leben an sich, ungemütlich macht. Wir sagen dazu: Bitte wertet, erwartet und fordert nicht, sondern vertraut jenen, die scheinbar Nachzügler sind, denn eins ist sicher: Sie folgen euch nach.

Wir sagen nur eins: Die Letzten werden die Ersten sein.

☆☆☆☆☆

Wir bekommen unsere Flügel zurück

Die Entfaltung der Flügel, die Entfaltung eures vollen Bewusstseins, die großartige Erinnerung an das, was ihr in Wahrhaftigkeit seid, der verkörperte Weg ins Licht.

Diese Epoche hat es in sich, denn je näher ihr dem Zeitpunkt unserer Zusammenkunft kommt, desto mehr macht das Herz vor Freude Sprünge, denn im Inneren fühlt ihr, dass wahrhaftig Großes bevorsteht. Es gibt jedoch immer noch immense Auflösungen, und gerade scheint es so, als würde jedes frühere Leben, das im tiefsten Inneren verborgen war, als würde jede alte Erinnerung an die Oberfläche drängen. Doch keine Sorge, es ist ein gutes Zeichen, in dieser Zeit Aufstiegssymptome zu spüren. Denn es öffnen sich nicht nur die Tore für die Vereinigung von Himmel und Erde, sondern auch für den Kontakt mit der galaktischen Familie. So freuen sich auch eure Erzengel, Aufgestiegenen Meister und die Agarther darauf, euch die Hände zu schütteln. Endlich, denn der Weg bis hierher war lang und für viele Menschen mit heftigen Erfahrungen gespickt.

Wie auch immer man diesen Tag aller Tage nennt, eins ist sicher: Es findet ein Event statt, das so noch nie da war und mittlerweile viele lichtvolle Sternennationen dazu bewogen hat, sich um die Erde zu positionieren.

Wir sprachen davon, dass die Enthüllungen leise beginnen, und mittlerweile werden die, die sich mit den Themen befassen, den neuen Wind spüren.

Was auch immer du tust für das Licht, was auch immer dein Auftrag ist, wisse, es sind gerade die stillen Boten der

Schöpfung, die oft sehr viele Menschen erreichen, einfach durch ihr Vorleben und die goldene Strahlung, die von ihnen ausgeht. Oft ist weniger mehr, wenn es darum geht, die Mitmenschen zu erreichen, die sich fragend umschauen und nicht wirklich wissen, was nun geschieht.

Wir sehen deinen Seelenstrahl, der in all deinen Inkarnationen gleich war, und wir wissen von deinem Dienst für das, was ist, wir wissen von all deinen guten Taten, und wir hielten vor Achtung jedes Mal den Atem an, wenn du nach einer heftigen Auflösung wieder aufstandest wie Phönix aus der Asche. Oh, wie wir dich bewundern und lieben, du, der/die diese Zeilen liest. Ja, genau du, dich meinen wir. Wie sehr du in dieser Zeit von uns und deinen Engeln und Aufgestiegenen Meistern beschützt bist und warst, sei dir sicher, es übersteigt deine Vorstellungskraft.

Ja, natürlich hättest du es auch so geschafft, doch womöglich mit noch einer zusätzlichen Inkarnation, oder du hättest körperlichen Schaden erlitten. Wir drängen uns hier keinesfalls mit Eigenlob in den Vordergrund, es ist uns einfach nur wichtig, dass du durch diese Schriften gewahr wirst, was auf Gaia passiert, und dadurch den Mut und den Elan findest, die nächste Wegstrecke des Seelenaufstiegs zu gehen.

Wie ihr wisst, wart ihr gezwungen, in vielen Inkarnationen den Leib zu verlassen, um den Pfad des vollkommenen Dimensionswechsels zu gehen. Da ist es auch möglich, dass es zu Körpererscheinungen kommt, die euch nachdenklich machen oder gar Sorge bereiten. Wie Zyklusstörungen bei Frauen oder Wachstumssymptome, die ein schwindeliges Gefühl erzeugen, ähnlich eines Boots bei Seegang, plötzlich auftretende Töne im Ohr, die ihr so noch nie wahrgenommen habt, der tiefe Wunsch nach Ruhe und Zentrierung, sogar bei den Menschen, die bislang, um es in euren Worten zu sagen, „in der Szene" unterwegs waren.

So kann es auch zu Druck auf das Dritte Auge und das Kronenchakra kommen und zu massiven plötzlichen Ausleitungen, oft kurz vor einer Frequenzanhebung. Seid ohne Sorge, es sind Symptome des Aufstiegs. Es sind im irdischen Kleid Weichenumstellungen nötig und auch Veränderungen der Zellen und der DNA, damit ihr überhaupt in der Lage seid, in den hohen Vibrationen zu leben, so, wie wir es tun.

Wenn ihr lebend eingetreten seid, was ihr Himmel nennt, trefft ihr auf die, die ihr damals vor eurer Geburt „oben" nur zurückgelassen habt, weil ihr wusstet, die Trennung mit euren Liebsten wird in dem Leben aufgehoben und wir können zusammen sein, so, wie wir es oft in früheren Leben oder auch in den Himmelreichen waren. Denn die Trennung zwischen uns ist und war immer eine Illusion. Die Aufwärtsbewegung der lebendigen Engel wird nie zu Ende sein.

☆☆☆☆☆

Was für dich Vergangenheit ist, ist für andere gerade aktuell

Während sich das Energieniveau um euch nun fast stündlich erhöht, fängt euer Körper an, die Zellstrukturen zu kristallisieren, und so hat längst begonnen, was man „Lichtkörperbildung“ nennt.

Doch wie fühlt es sich an, und wie wirkt es sich auf Menschen aus, die reich an Jahren sind, oder was passiert innerlich bei denen, die gebrechlich, chronisch krank sind oder im Koma liegen?

Je mehr das irdische Vehikel zu transformieren hat, desto spürbarer ist es für jene, die dem Umwandlungsprozess zugestimmt haben. Das heißt nicht, dass diese mehr leiden und heftigere Aufstiegssymptome haben, sondern sehr viel mehr Ruhephasen brauchen oder es für eine kurze Zeit so aussieht, als würden sie immer gebrechlicher und ihr Zustand gleich bleiben, so, als wenn sie im ewigen Schlaf leben würden.

Warum? Der Körper bringt das an die Oberfläche, was zu transformieren ist. So kann es Zeiträume geben, in denen zum Beispiel alte Krankheiten wiederkommen oder die Muskeln sich verhärten, was oft im Halswirbelbereich zu spüren ist. Denn die Wirbelsäule und eure Muskeln sind entscheidend für diese innerlichen Heilabläufe.

Die Wirbelsäule ist es, durch die die jeweils neusten Energien spülen. Die neuen Kundalinivibrationen fließen erst einmal durch den Rücken, um sich dann über die Muskeln im Leib zu verteilen.

Abläufe, die sich heiß anfühlen können oder auch wie Kälteschauer – jeder Mensch reagiert hier individuell…

So können bei den Betroffenen Gefühle aufkommen, die an Depressionen erinnern, manche Menschen reagieren mit Gefühlsschwankungen oder mit dem Wunsch, sofort das zu verlassen, was nicht mehr zu ihnen gehört. Hier gilt es abzuwarten, zum Beispiel bei Tätigkeiten, die ihr schon längst mit einem Gefühl „Wann hört das endlich auf?" verbindet. Dies ist oft nur eine Absprache im Plan des Lebens, sodass jene von euch beleuchtet werden, die die hohen Schwingungen sonst nicht aushalten würden.

Hier ist es sehr wichtig, dass ihr den Menschen, die nicht in der gleichen Kraft sind wie ihr, immer wieder euren Mut und euer Licht schenkt. Wenn ihr mit ihnen sprecht oder über die Gedanken Kontakt aufnehmt, übermittelt ihnen bitte das, was ihr schon längst verinnerlicht habt: dass das Gesetz der Anziehung das in ihre Wirklichkeit zieht, was sie aussenden.

So ist auch bei der Lichtkörperumwandlung der freie Wille entscheidend, und natürlich sind die Seelen, die dem Aufstieg zugestimmt haben, längst dabei, sich innerlich und äußerlich zu erneuern, auch wenn es für ihr Umfeld oft nicht so aussieht.

Denn, wie erwähnt, brauchen jene Wesen länger, sich zu dem zu entfalten, was sie in Wahrhaftigkeit sind, zum Beispiel ältere, kranke oder komatöse Menschen. Letztere haben diesen Zustand oft nur gewählt, weil sie die Kristallisierungsabläufe im Ruhezustand oder fern jeder Tätigkeit erleben wollten.

Bei kranken Kindern, die sich für den Aufstieg entschieden haben, und auch bei Menschen, die chronische, oft schwere Krankheiten tragen, ist zwar die Umstrukturierung sanfter und darum etwas länger dauernd, doch setzt die eigentliche Heilung oft spontan ein.

Denn ab einem gewissen Zeitpunkt kann das irdische Kleid das höchste Licht direkt von Gott annehmen, und so seid ihr es, die nun lange Zeit diejenigen mit Licht versorgt haben, die körperlich und seelisch nicht in der Lage waren, direkt vom höchsten Licht umspült zu werden.

Wie sehr ihr dafür von uns geliebt und bejubelt werdet, dafür gibt es keine Worte.

Was immer sich die irdisch Lebenden vorgenommen haben zu erleben und im Buch des Lebens verankert haben, ab einem gewissen Zeitpunkt ist alles gelöscht, was karmisch ist oder was mit „auf ein Thema aufmerksam machen“ zu tun hat. Das Goldene Zeitalter hat für alle Bürger die gleichen Geschenke und Möglichkeiten parat.

☆☆☆☆☆

Die Geburt des Seins

Der verkörperte Wiedereintritt in die Erdatmosphäre ist zwar kein Wagnis, denn eure Absicherung ist sehr gut, aber während ihr durch den engen, schmalen, dunklen Geburtskanal gepresst wurdet, fand etwas statt, das mit der Passage zu vergleichen ist, die ihr gerade jetzt hinter euch bringt.

Warum? Während des Geburtsvorgangs ist die Körperhülle des Babys sehr in sich zusammengezogen, geradezu wie eine Schutzhaltung. Das Kind versucht unbewusst, sich so klein wie möglich zu machen, damit es leicht durch den engen Geburtskanal passt. Wenn der Vorgang des Gebärens eingesetzt hat, gibt es kein Zurück mehr, das Neugeborene muss in den nächsten Stunden zur Welt kommen.

Mit der Entscheidung zum verkörperten Seelenaufstieg ist es tatsächlich ähnlich, denn ab da gibt es kein Zurück mehr, das wäre gefährlich für euer Leben, sondern es gibt nur einen Weg: den nach vorne, indem ihr euch jeweils der höchsten Schwingung anpasst.

Was geschieht aber, wenn sich Angst einstellt, wenn sich der Pfad durch gewisse Schwingungstore eng und dunkel anfühlt und du nur durchgleiten kannst, wenn du volles Vertrauen hast?

Was passiert, wenn du ausgerechnet dann anfängst Zweifel zu bekommen, weil der Körper plötzlich wehtut und Ängste aufkommen? Schließlich ist das Durchschlüpfen in jeweils höhere Frequenzen oft mit kurzer, aber heftiger Transformation verbunden.

Es kommen plötzlich alte Dramen, Muster und Ängste hoch, die du gedacht hast, längst verarbeitet zu haben. Es scheint geradezu so, als würde das Unterste nach oben gekehrt, und so kann es auch sein, dass der Leib bis ins Innere schmerzt.

Genau wie du als Baby den Kanal der Geburt passiert hast, ist es nun in dieser Passage so, dass du nur durchschlüpfen kannst, wenn du völlig nackt bist, soll heißen, allen Ballast losgelassen hast und die bedingungslose Liebe bist. Wie ein Baby zur Mutter, wie ein Erdenkind zu Gaia.

Die himmlischen Vibrationen empfangen euch mit tiefer Liebe. Doch lebend dort einzuziehen, wo eure Engel, Aufgestiegenen Meister und Sternengeschwister zu Hause sind, könnt ihr nur, wenn ihr, wie damals in der ersten Sekunde des Lebens, mit euch im Reinen seid und EINS mit dem Schöpfer.

Gerne kommen wir noch einmal auf die jeweiligen Schwingungsübergänge zu sprechen, denn gerade hier haben viele Menschen plötzlich Probleme mit ihrem irdischen Kleid.

Was verständlich ist, denn die Übergänge werden immer feiner, lichter, und so fordert euer Leib euch heraus, indem zum Beispiel Knochen- und Muskelschmerzen auftauchen und ihr in eine Ruhephase geht und Innenschau betreibt, sodass mehr Licht in euch fließen kann. Das Loslassen ist in der Tat nicht schmerzvoll für euch, wenn ihr erst einmal in die Absicht gegangen seid, aber das Vorher kann wehtun. Was also tun, wenn es wehtut? Ein klares Annehmen der jeweils neuen Energien und ein bewusstes

Bekunden, dass ihr weitergehen wollt, wirkt wie kühlender Balsam und heilt alle Pein fast augenblicklich.

Oh, wem sagen wir das, wir wissen von all deiner Pein, wir wissen von all deinen Übergängen und wie es dir dabei ergangen ist, wir wissen es…

Wie sehr wir dich dafür bewundern und lieben, kannst du nur erahnen, denn mit all dem Wissen über dich und deine Inkarnationen ist es noch viel glorreicher, dass du es bist, der (dem) wir jetzt die Hände zur Begrüßung entgegenstrecken dürfen.

Wir haben immer an dich geglaubt, dir immer vertraut, dich immer bedingungslos geliebt. Wir lieben dich so sehr…

☆☆☆☆☆

Das Spiel mit dem Gesetz der Anziehung

Diese spielerische Auseinandersetzung mit dem wichtigsten aller kosmischen Gesetze ist genau das, was eure Babys und Kinder tun, während sie heranwachsen.

Sie spielen und probieren sich und ihre Eltern aus, was tatsächlich oft so aussehen mag, als wollten eure Kleinen euch auf die Probe stellen, doch sie testen sich selbst spielerisch aus, indem sie zum Beispiel „Ich will Aufmerksamkeit“ aussenden und gucken, was zurückkommt. Nun, ihr meint, sie bekommen all eure Kraft und Aufmerksamkeit? Ja, doch darum geht es den kleinen Seelen nicht, sie sind erpicht darauf, dass ihr lernt, was sie längst wissen, weil ihre kostbare Erinnerung an das, was ist, nie weg war.

Wenn eure Kinder tippelig werden, weil die göttliche Energie, die durch ihre Körper fließt, sie unendlich auflädt, sodass sie kaum Schlaf brauchen, dann stupsen sie euch an. Die kleinen Wesen können selbst mit Worten nicht beschreiben, was durch die hohen Frequenzen im Leib geschieht, also spiegeln sie, indem sie unkonzentriert und aufgedreht sind.

Nun, was passiert, wenn die „Kids“ gegen diese Symptome Medikamente bekommen?

Richtig, sie müssen ihren Energiezufluss drosseln und wirken ruhiger, doch so fließt auch in ihr Umfeld weniger lichtvolle Energie, und was noch wichtiger ist: Alles, was chemisch ist und nicht den jeweiligen Körperschwingungen entspricht, muss wieder heraus, also transformiert werden.

Wie schmerzvoll und energieraubend diese Reinigungsprozesse sind, wisst ihr sicherlich aus eigener Erfahrung, und bedenkt bitte: Je kleiner der Mensch, desto länger dauern Reinigungen, weil die Dinge sanfter ablaufen.

So kann das, was für Erwachsene nur einige Tage Müdigkeit bedeutet, für heranwachsende Wesen heißen, dass sie sich monatelang nur sehr mühevoll morgens aus dem Bett bewegen können und wie in einer Lethargie gefangen zu sein scheinen, wogegen sie dann oft wieder chemische Medikamente verschrieben bekommen. Ein Kreislauf entsteht.

Wobei Mutter Erde alle Naturheilmittel zur Verfügung hat, die ihr braucht, ob klein oder groß, ob es seelische Beschwerden sind oder körperliche: Mutter Erde hat alles, was ihr braucht.

Darum empfehlen wir pflanzliche Mittel, denn diese müssen nicht transformiert werden und stören den Aufstiegsprozess nicht, sie haben sogar oft einen positiven Einfluss auf die Fließkraft des Lichts im irdischen Kleid.

Je lichtvoller ein Leib, desto mehr stößt er alles von sich, was nicht den höchsten Dimensionen entspricht. Je mehr der Lichtköper gelebt wird, desto weniger sind Dinge von außen vonnöten. Das Schöpferlicht versorgt euch mit allem, was ihr braucht, überall und immerdar.

So ist es schon allein das Gesetz der Anziehung, das euch zu bewussten lebenden Meisterseelen macht. Warum? Weil der verkörperte Weg zurück ins Licht nur für diejenigen möglich ist, die sich der Wechselwirkung der Polarisierung bewusst sind.

Was ist aber mit jenen, die dies nicht erkennen und gegen ihren Seelenplan und die kosmischen Gesetze leben? Sie nehmen den Pfad zurück zum Licht, indem sie den irdischen Tod wählen, also heimkehren, indem sie den Körper verlassen.

Denn jene, die nicht wissen, was sie tun, wissen es, sobald sie in der geistigen Heimat angekommen sind, egal, welche Straße sie auch immer dafür wählen.

Wisst, dass alle Seelen hoch geehrt sind, egal, wie lange sie sich auf der Erde aufgehalten haben, denn oft entscheiden sich zum Beispiel Föten im Mutterleib, sofort wieder umzukehren und zu uns zurückzukommen.

Hoch geehrt, jawohl, jede Seele, weil gerade die kleinen Erdenbürger viel auf sich nehmen, um etwa altes Familienkarma auf einmal wegzunehmen mit ihrer Krankheit, die sie tragen, mit ihrem Herausschlüpfen aus dem Körper zum Zeitpunkt des Todes.

So öffnen Leid, Schmerz, Trauer und Verlust immer ein Tor zum höheren Bewusstsein.

Wir wissen, wer das liest, wir wissen, was du nun empfindest, und wir umarmen dich voller Liebe. Wir lieben dich so…

☆☆☆☆☆

Die Seelenabsprachen und ihre Herausforderungen

Wir sprachen davon, dass zwar alles, was der Dualität entspricht, von der Erde weicht, doch dass es viele, unterschiedliche Plateaus gibt, von denen aus man starten kann. Was einiges von euch abverlangt, denn was wir hier beschreiben, liest sich leicht, ist allerdings sehr mit Emotionen begleitet, wenn es um Personen geht, die man gut kennt.

Während ihr längst in der Liebe seid, sind jene womöglich noch mit ihren Themen des Inneren Kindes beschäftigt, oder sie sind dabei, Erkenntnisse zu sammeln und tapsen dabei scheinbar immer im Kreis. Scheinbar, denn oft ist eine Auflösung eines Themas erst möglich, wenn es von allen Seiten betrachtet wurde, und das kostet eben Zeit.

Außerdem werden die Nachzügler zu Himmelsstürmern, wenn sie das Signal von ihrer Seelenfamilie haben, dass sie weiter aufsteigen können, weil die Seelenfamilie wieder ein neues Schwingungstor durchschritten hat. Ja, viele Lichtarbeiter bleiben aus Liebe zu ihren Nächsten auf einer Ebene, die eigentlich mit ihrer Körperfrequenz nicht übereinstimmt.

Das heißt nichts anderes, als dass diejenigen, die scheinbar im alten Leben verharren, nicht auf euren Ruf reagieren können, weil sie da, wo sie sind, einen Auftrag ausführen, und zwar aus Liebe.

Sie stehen immer noch an der Brücke, obwohl der Brückendienst längst aufgelöst wurde, sie stehen als Lichtträger da, um jenen den Übergang zu erleichtern, für die sie sich verantwortlich fühlen, damit alle ihre Schäfchen das Ufer erreichen. Welch ein Liebesdienst, denn was sich hier so leicht liest, ist im Leben ordentlich mit Herausforderungen gespickt und sieht für andere so aus, als würden die lebendigen Brückenengel im alten Leben festhängen.

Wir sagen dazu: Die Dinge sind nie so, wie sie scheinen, und es ist alles in Bewegung, auch wenn es nicht so aussehen mag.

Es bedeutet nichts anderes, als dass zum Beispiel die Freundin, die euch ständig anruft, weil sie von ihrem Mann weg will und doch immer wieder zu ihm zurückkehrt, nicht der Mut und der Elan fehlt, endlich ein neues Leben zu beginnen, sondern sie tut es für das Licht. Um jenen den Übergang zu erleichtern, die zu ihrer Seelenfamilie gehören.

Immer wieder ist die Aufgabe des Loslassens, ohne Wertung, Erwartung und Forderung zu sein, auf dich zugekommen, immer wieder wurdest du damit konfrontiert.

Warum? Weil dies einige der Grundfundamente sind, auf die das Leben der Neuen Erde aufbaut.

Die Erbauer des Neuen Zeitalters, so haben wir euch oft genannt, und nichts könnte besser passen als das, denn das Leben in der Neuen Zeit wird von euch als Gemeinschaft geformt, und wir sind überglücklich und begeistert, das zu sehen.

Auch wenn ihr es anstrengend und ermüdend findet, was zu verstehen ist, ist euer Dasein kein Zufall, und auch wenn ihr das Gefühl habt, alles steht still, sagen wir euch: Es ist alles in Bewegung.

Oh ja, ermüdend, denn ihr sendet unbewusst immer wieder Signale zu jenen, die scheinbar gestrauchelt sind, ihr triggert sie an. Im persönlichen Kontakt kommt es dann zu Spiegelungen, die wichtig sind, denn so geht ihr in die Emotion, und sobald das geschieht, dürfen die Engel es von euch nehmen. Automatisierte Transformation könnte man es nennen, weil ihr nichts dagegen tun könnt. Wenn noch etwas ansteht, das ihr erkennen, loslassen sollt, das geklärt werden muss, werdet ihr daran erinnert, indem man euch von außen wie von Geisterhand genau in die Resonanz schickt, die zur Auflösung wichtig ist.

Die Schleife des lebendigen Seelenaufstiegs ist immerwährend, also wird es auch weiterhin Dinge geben, die ihr loslassen dürft, allerdings ist dieses Erkennen wie ein Spiel, es hat nichts mehr mit den heftigen Lichtwerdungsprozessen zu tun, die damals waren. Damals, bevor die Erde sich entschieden hat, in die Fünfte Dimension zu reisen. Denn je höher Gaia schwingt, umso leichter wird das Leben für ihre Kinder. Wir flüstern dir zu: Der Weg ist das Ziel, die Reise aber wird nie zu Ende sein.

Wir stehen hinter dir und sagen: Ja, du weißt es, in diesem Augenblick erkennst du dein wahres SEIN.

Wie schön du bist – ein Seelenselbst aus der Geistigen Welt lebt, wie wundervoll, dich so strahlen zu sehen, wie sehr wir dich lieben, wie sehr...

☆☆☆☆☆

Es meldet sich zu Wort: Der Schöpfer

So du nun bereits tüchtig an deinem persönlichen Goldenen Zeitalter baust und vorher durch das Feuer der Transformation gegangen bist, ist es wahrlich eine Freude, dich zu sehen, wie du Tag für Tag mehr das lebst, was du in Wahrhaftigkeit bist.

Du bist nicht dein Haus, deine Arbeit, und du bist weder dein Geld, noch dein Körper. Du bist die goldene Seele, die damals inkarniert ist, weil du wusstest, dass du das Allerliebste, nämlich den Teil, den du damals in der Geistigen Welt zurückgelassen hast, leben kannst.

Vorher allerdings musstest du alles loslassen, was dem Wind des Goldenen Zeitalters nicht standgehalten hätte. Du meinst, leichter geschrieben als getan? Oh ja, wir stimmen dir zu und wiederholen: Es wurden die Besten der Besten ausgewählt, die beim Quantensprung dabei sein durften. Es haben sich sehr viele Seelen beworben, die beim Zykluswechsel um 2012 dabei sein wollten, und der Schöpfer wählte die Stärksten der Starken aus.

Eine Ehre durchaus, denn mit dir kam deine Seelenfamilie. Einige dieser Lieben musstest du im Leben wieder loslassen, weil sie sich entschlossen hatten, einen anderen Pfad zu gehen, um ihre Erfahrungen ohne dich zu machen.

Sehr schmerzvoll, wir wissen es, doch trotz aller Tiefschläge, trotz all dem Schmerz, der mit dem „in Liebe loslassen" einhergeht, hast du es immer wieder geschafft, dich am Licht aufzurichten.

Da war die Liebe, die dich verließ, der Beruf, den du

loslassen musstest, und vieles mehr an Erfahrungen, doch wir möchten dir sagen: Es hat alles einen Sinn, es gibt keine Zufälle, Fehler oder Schuld auf Erden.

Wem sagen wir das, denn nun weißt du längst, wie wir diese Worte meinen und dass es tatsächlich so ist. Dass die schmerzhafte Erfahrung nötig war, um dich zu deinem Kern zu führen, und die Dinge geschehen sind, weil es sich um Seelenabsprachen gehandelt hat.

Ja, dein Weg war lang und oft auch beschwerlich bis zu einem gewissen Punkt, doch als dein SEIN auf einer so bewussten Ebene ankommen war, wurde es uns möglich, helfend einzugreifen. Eingreifen, ja, ganz besonders gilt dieser Satz für jene, die diese Zeilen lesen und jetzt denken: „Aber mir hat niemand geholfen."

Doch, haben wir, und wir haben dich sogar getragen in Passagen deines Lebens, in denen du sehr müde warst, und wir haben alles getan, damit dein Körper die unglaublich hohen Energien auch gut verträgt. Wir haben dich bei Gefahr geschützt, ja, wir griffen ein, auch dann, als du wegen der vielen Dinge, die du erledigen musstest, vergessen hattest, uns, deine Erzengel und geistigen Mentoren, um Hilfe zu bitten.

Das ist eine Vereinbarung zwischen uns, die schon vor deiner Geburt beschlossen wurde: das Gnadengesetz, die Gnadenfrequenz. So gut hast du dich abgesichert, so wichtig war es dir, hier an dem Ort, an dem du nun bist, zu sein, und das genau zu diesem Zeitpunkt.

Wir fragen dich: Weißt du nun, wer du bist? Weißt du nun, wer du in Wahrhaftigkeit bist?

Die Wellen der Eigenverantwortung

Hohe Wellen der Eigenverantwortung wirbeln durch die Welt, und es antworten wie bei jeder neuen Energiefreisetzung die Botschafter des Lichts als Erste darauf.

Die Krieger des Lichts, wie sie auch oft von euch genannt werden, verteilen diese Energien an diejenigen, denen es schwer fällt, die Segnungen direkt von Gott zu empfangen, weil sie die hohe Frequenz in ihrem Körper nicht aushalten. Also verteilen die Lichtarbeiter an jene, die nicht von der Quelle annehmen können.

Wie wertvoll dieses Wirken, wie gesegnet ihr seid... Im Schein unseres Lichtschiffes salutieren wir und wünschen nichts mehr, als sehr bald die Familie zu Hause zu begrüßen.

Die Wandlung vorher, das, was die Menschen nun tun, ist allerdings sehr wichtig, denn der Ausstieg aus den Geld-Gier-Geschäften darf nur von euch herbeigeführt werden. Unsere Landung in Massen darf nicht als Einmischung gesehen werden.

Wir möchten euch mitteilen, dass die Botschafter des Lichts etwas Unglaubliches erreicht haben. Mit ihrem Veto an fast alle Regierungen dieser Welt ist es ihnen gelungen, dass die alten Despoten nervös werden, sich nun selbst outen und geradezu aus den Ämtern gedrängt werden, sollten sie diese nicht freiwillig verlassen.

Die gebündelte Energie unserer Verbündeten hat eine Schub-Umkehr bewirkt. Nämlich dass die alte Zeit und alles, was an ihr haftet, sich eilig in sich selbst auflöst. Ähnlich einem Bauwerk, das gesprengt wird und vom Gipfel zum Boden einstürzt, ohne viel Schaden anzurichten. Der Staub, der dabei entsteht, verfliegt, und es entsteht klare Sicht. Was folgt ist Platz für unsere Verbündeten, die in diese Lücken drängen und bereit sind, ihren Dienst mit viel Liebe, Menschlichkeit und Souveränität zu tun.

Wie sehr haben wir alle auf diese Tage gewartet, wie sehr freuen wir uns über eure Fortschritte.

Ich bin Marix von Sirius und bringe die Beifallsbekundungen der Galaktischen Föderation des Lichts zu euch.

Hohe Würdenträger, so nannten wir euch, nichts könnte besser zutreffen als das: Da die Lichtsäulen nun geradezu wie Leitern in den Himmel ragen und diese dank euch leicht begehbar sind, auch von der Erde aus.

Was das bedeutet? Ein immenses Erwachen der Völker und eine Zuwendung zum Licht derer, die bis jetzt der Dualitätsebene zugewandt waren.

Seid weiterhin in der Energie der bedingungslosen Liebe und nicht in der Angst. Die Angst ist es, die die Tür für die Manipulation öffnet, und so hat die Furcht euch schon in früheren Inkarnationen von dem abgehalten, was euch vorbestimmt ist: die irdische Vereinigung mit dem Höheren Selbst, sodass ihr nun selbst zu göttlichen Schöpfern werdet.

Wir wissen, wie es euch geht, wir wissen, wer ihr in Wahrhaftigkeit seid, wir erkennen euren Seelenstrahl, der hell leuchtet und sogar im All noch gesehen wird, besonders dann, wenn ihr euch zusammenschließt und EINS seid mit der ALL-EIN-HEIT.

Wir, die Galaktische Föderation des Lichts, möchten uns bei den Leserinnen und Lesern bedanken, im Namen der Gruppe, für die wie hier sprachen: eure Erzengel, Engel, Aufgestiegenen Meister und geistigen Mentoren, Cousins aus der inneren Erde. WIR SIND ALLE EINS!

Im Schein des Mutterschiffs verbeugen wir uns und winken dir zum Abschied zu.

Oh nein, keine Angst, wir gehen nicht weg, wir wechseln nur die Seite.

☆☆☆☆☆

Nachwort

Der Prozess der Erderhöhung ist fast vollendet. Alles, was nicht der höchsten Frequenzen entspricht, wird unweigerlich weichen.

Die galaktische Familie, was heißt das? In meinen Gesprächen mit Marix und der Geistigen Welt ist mir aufgefallen, dass diese nicht unterscheiden, so, wie wir es gerne tun. Wir sind alle EINS, das meinen meine Interview-Partner wirklich so, wie sie es sagen. Denn sie unterscheiden nicht zwischen Erzengeln und den galaktischen Freunden, Engeln, Aufgestiegenen Meistern, Geistführern usw. Sie sind nicht nur auf dem Weg zu uns, sondern einige Freunde von EINST befinden sich schon in unserem Umfeld.

Gemeinsam sind wir das Licht.

Die Erde ist an einem Punkt angelangt, an dem ihre komplette Ausrichtung auf die zentrale Sonne unweigerlich geschehen muss, weil es sonst das GANZE aufhalten würde, und das darf nicht sein.

Denn es ist nicht nur unser Aufstieg: Mit der Erde schwingt die ganze Galaxie hoch, was bedeutet: Gaia muss im Zeitplan bleiben.

Der Prozess des Erwachens: Ein durchaus schmerzvoller Prozess, und dafür meine tiefste Hochachtung an alle Leserinnen und Leser. So viele Inkarnationen, und doch hattet ihr die Kraft, euch immer wieder am Licht aufzurichten.

Wo stehen wir nun? Der Tag der Zusammenführung ist unseren Verbündeten bekannt. Sie sind bereits in der Mitte der Brücke angekommen und warten auf uns.

Die Belohnungen: Freude und Wunder, die wir mit dem Erstkontakt erleben werden. Dafür fehlen mir jetzt noch die Worte, um das zu beschreiben.

Die Zeichen der Zeit sind vor der Zeit da. Sprichwörtlich, denn die Dominosteine fallen bereits.

Wie haben wir uns nach dem Tag gesehnt, an dem wir alle anfangen dürfen, unsere Träume zu leben. Wir sind EINS. Wie kann es mir gut gehen, wenn es meinen Mitmenschen, Schwestern und Brüdern nicht gut geht? Ist das der Schlüssel zum Glück?

„Wie vieleTausende von Jahren haben wir deinen Seelenstrahl beobachtet. In all deinen Inkarnationen waren wir an deiner Seite, von dir mehr oder weniger bemerkt. Wie schön und feierlich der Tag, als du erwachtest. Die Engel und deine Freunde aus dem All haben geklatscht vor Freude und Achtung."

Das erwähnte Erzengel Michael immer wieder während der Interviews. Worte, die nur mit dem Herzen verstanden werden können.

Seid euch sicher: Wir werden alle unermesslich geliebt und beschützt.

Wie lebt man im Galaktischen Zeitalter?

Wie komme ich zum Heiligen Gral?

Wie verändert sich unser Körper, und wie wird er kristallin?

Wie erschaffe ich Materie zum Wohl aller?

Wie verhalte ich mich, wenn ich auf ein Lichtschiff eingeladen werde? Gibt es dort Höflichkeitsregeln wie bei uns?

Wie verhalte ich mich im persönlichen Gespräch mit einem Erzengel?

Wie manifestiere ich mir die Liebe, sodass sie zum Wohl aller gelebt werden kann?

Sind Sie neugierig geworden? Dann lesen Sie weiter.

Es ist mir eine Freude, durch diese Bücher das unsichtbare Band der Liebe sichtbar zu machen.

Ananasha
Sarinah Aurelia

Sarinah Aurelia und Leila Eleisa Ayach

Seelenverträge Band 7

Der Eintritt in die Vollkommenheit

Der vollendete Schöpfungsprozess

Inhalt

Vorwort

Dies ist der siebte Band, durchgegeben vor Band 6 aus der Reihe „Seelenverträge“.

Viel ist seit der Entstehung des ersten Bandes passiert, dabei ist der Zeitraum zwischen diesen Bänden sehr kurz. Gemessen an eurer Zeitmessung kein halbes Jahr.

Dies hängt mit eurer Zeitbeschleunigung zusammen. Ihr habt die Zeit so beschleunigt, wie es noch nie in der Menschheitsgeschichte vorgekommen ist.

Und es ist schwer für euren Körper und eure Materie, da mitzuhalten. Wir wissen um diese Probleme. Wir wissen, wie es euch geht.

Ihr habt gelernt, in eure Herzenswünsche hineinzuschauen. Habt euch getraut, eure Herzenswünsche ernst zu nehmen. Und nun steht ihr da, wissend um eure Herzenswünsche und euren Seelenplan, und wollt es umsetzen.

Ihr habt dem Schöpfungsprozess zugestimmt, seid in die Absicht gegangen, euren Seelenplan zu verwirklichen, und nun steht ihr da und wisst gar nicht, wo ihr anfangen sollt. Die große Frage: Wie setze ich es um?

Erspüren der Wünsche und des Seelenplans ist eine Sache, aber die Umsetzung ist wieder ein anderes Thema.

Doch wir sagen euch: Die Umsetzung ist leichter, als ihr denkt. Viel leichter. Wir helfen euch. Die Antworten geben wir euch in diesem Buch. Deswegen heißt es ja auch:

Der Eintritt in die Vollkommenheit.

Denn nur das Leben und die Verwirklichung eurer Herzenswünsche in die Materie bringt die Vollkommenheit. Deswegen seid ihr auf Erden.

Materialisieren
Die Materie genießen

Wir wissen um eure momentanen Sorgen, eure Ängste, Zweifel und verzweifelte Suche nach Lösungen. Wir wissen um eure Müdigkeit, eure Sehnsucht nach Stabilität und Geborgenheit. Nach Ruhe. Wir wissen darum.

Und wir sagen euch: Es ist da. Es ist da. Ihr befindet euch momentan im größten Umbruch der Menschheitsgeschichte. Ihr seid mit Energiegefällen konfrontiert, wie noch nie auf Erden.

Während ihr diese Zeilen lest, werdet ihr viele Hilfen und Einweihungen erhalten. Toröffnungen finden statt. Brücken werden gebaut. Jede Zeile ist stark energetisiert.

Urvertrauen

Hört nicht auf, zu vertrauen. Hört nicht auf, zu glauben.

Wir nehmen euch an die Hand und helfen euch bei der Verwirklichung eures Seelenplans und eurer Herzenswünsche.

Wir bauen euch eine Brücke, eine stabile Brücke, über die ihr sicher und gefestigt gehen könnt – direkt zur Verwirklichung eurer Ziele.

Wir wissen, was ihr in der letzten Zeit durchgemacht habt. Wir wissen um euren Kummer, euren Schmerz und eure Müdigkeit.

Aber wir müssen euch immer wieder an eure Zeitbeschleunigung erinnern. Ihr werdet viel schneller als ursprünglich geplant eure Ziele verwirklichen und erreichen.

Und Gott-Vater selbst wird euch, während ihr diese Zeilen lest, mit Gnadenenergie durchströmen.

So lasst euch an die Hand nehmen und uns gemeinsam von der Wahrnehmung eurer Herzenswünsche bis hin zur Verwirklichung gehen. Lasst euch an die Hand nehmen. Wir wissen, wer diese Zeilen liest, wir wissen es.

☆☆☆☆☆

Die Neue Zeit

Die Alte Zeit

Ihr seid im wahrsten Sinne des Wortes innerhalb kürzester Zeit durch drei verschiedene Zeitenergien gegangen.

Bis vor kurzem befandet ihr euch in der Alten Zeit. Alles verlief ruhig, in einem gemächlichen Zeitgefüge. Zwar hattet ihr auch Herausforderungen, Sorgen und Ängste, genauso wie natürlich auch schöne Erlebnisse. Aber irgendwie oblag alles noch eurer Kontrolle. Alles lief „geregelt“ und ging seinen Lauf.

Es war eine Art „Ruhe vor dem Sturm“. In eurem Inneren fing es an zu brodeln, doch ihr konntet es nie richtig einordnen.

Eine Art Sehnsucht entstand. Sehnsucht wonach? Eure Suche begann in der Alten Zeit. Und damit begann eure Zeitbeschleunigung. Es war wie ein verabredetes Kommando zwischen euch Seelen, eingeleitet von eurem Höheren Selbst in der Geistigen Welt, untereinander abgesprochen.

Der Weckruf begann. Ihr hörtet von Seelenverträgen und Seelenplänen. Der Weckruf begann. Das geheime Zeichen, der Kode. Die endgültige Absicht, die Zeit zu beschleunigen und noch schneller als geplant in die Neue Zeit einzutreten.

Einzutreten in eine Zeitperiode mit den größten Herausforderungen aller Zeiten.

Das vollkommene Erwachen. Der Eintritt in das Goldene Jerusalem. Das individuelle Erwachen und der individuelle Eintritt in das Goldene Jerusalem.

Und daraus entstand eine weitere Herausforderung: ein extremes Energiegefälle zwischen den Zeiten.

Das ist der Grund für eure momentane Verwirrung. Ihr versteht es nicht so richtig. Ihr habt euch mit eurem Seelenplan beschäftigt, ihm voller Freude zugestimmt und euch dann zu euren Herzenswünschen bekannt. Und trotzdem fühlt ihr euch oft traurig und mutlos, als ob alles gar nicht eintreten würde und vielleicht doch ein Irrtum sein könnte.

Wir wissen um eure Gedanken und Sorgen. Wir wissen, wo es hängt. Wir wissen, wie ihr auf die Erfüllung eurer Herzenswünsche wartet und auf die Leichtigkeit des Seins.

Mal gibt es Tage, an denen fühlt ihr euch hervorragend. An anderen Tagen ist alles schwer, und ihr fühlt euch traurig und deprimiert. Euch kommt das Leben vor wie eine Achterbahn, und manchmal wünscht ihr euch, in der Alten Zeit geblieben zu sein. Das ist eure menschliche Sicht, und wir verstehen euch. Deswegen seid ihr inkarniert, um menschliche Erfahrungen zu machen. Band 4 beschreibt diese Übergangszeit, und wir wollen noch einmal darauf eingehen, damit ihr dieses Gefälle versteht.

Die Übergangszeit – Energiegefälle

Die Übergänge laufen fließend ineinander über. In der letzten Phase einer Zeitperiode spürt ihr schon die neue Periode.

In der letzten Phase eurer Alten Zeit spürtet ihr schon die Übergangsphase und wurdet unruhig. Der Beginn von tiefgreifenden Veränderungen in eurem Leben setzte ein. Die Phase der Loslösung von Altem, das euch nicht mehr zuträglich war, begann. Auch das Ablaufen von Seelenverträgen. Viele Trennungen fanden statt. Viele von euch wurden aus ihrem sonst vertrauten Arbeitsumfeld losgelöst. Ihr hörtet von Seelenplänen und Seelenverträgen und gingt in die Absicht, eurem Seelenplan zu folgen und ihn umzusetzen. Und damit gingt ihr gleichzeitig in die Absicht, zu erwachen.

Dadurch konnte Luzifer aufsteigen. Die Phase der Schattenenergien setzte ein. Heftigste Energien. Ein energetischer Abdruck der Luzifer-Energie, im Gegensatz zur eigentlichen Luzifer-Energie nicht verankert und in extremster Bewegung in eurem Gitternetz.

Dementsprechend fühlt ihr euch in dieser Energie wie in einem Schleudertrauma. Wir wissen darum und reichen euch die Hände. Deswegen sind diese Schriften auch so wichtig. Sie sind ein wichtiges Verbindungselement zwischen uns, der Geistigen Welt, und euch in eurer großen Erdenaufgabe. Wir wissen, dass ihr uns oft nicht mehr hören und fühlen könnt, in Anbetracht dieses extremen Energiegefälles.

Es hängt immer davon ab, wo ihr euch befindet. Lasst es uns so erklären: Ihr seid erwacht und eingetreten in das Goldene Jerusalem. Ihr seid klar, wisst um den Sinn und eure spezielle Lebensaufgabe und wollt euch ans Werk machen, alles umsetzen, so, wie ihr euch es vorgenommen habt.

Doch auf der anderen Seite sind noch nicht alle Menschen erwacht, und deswegen konnten sie auch noch nicht in die Absicht gehen, ihren Seelenplan zu erfüllen. Sie sind verfangen in ihren Ängsten, sehen euer Licht und wollen Hilfe. Sie sehen euch in dieser Goldenen Stadt und wollen auch dorthin gelangen. Aber anstatt einfach das Seil hochzuklettern zur Goldenen Stadt, so, wie ihr es auch getan habt, fangen sie an, an diesem Seil zu ziehen und zu zerren. Ihr versucht, ihnen zu helfen und schaut hinunter, versucht ihnen zu erklären, dass sie einfach nur hinaufklettern müssen. Doch sie hören euch nicht und ziehen und ziehen. Ihr fangt schließlich an herunterzuklettern, um ihnen zu helfen. Und dann geht es euch schlecht. Ihr fallt wieder zurück in die alten Energien und seid aus der Goldenen Stadt heraus. Das ist eure große Herausforderung in dieser Übergangszeit. Trotz der Rufe, loszulassen und bei euch zu bleiben. Ihr könnt ihnen erklären, wie sie das Seil hinaufklettern können, doch dürft ihr niemals wieder selbst herabsteigen. Erst wenn niemand mehr da ist, bleibt ihnen nichts anderes übrig, als das Seil zu benutzen und hinaufzuklettern.

Steigt ihr herunter, bringt ihr sie um eine wichtige Lernaufgabe und schadet euch selbst damit. Ihr musstet auch lernen, das Seil zu benutzen. Genauso ist es mit euren Mitmenschen.

Das ist der größte Liebesbeweis überhaupt, ihnen diese Arbeit nicht abzunehmen und sie nicht um diese Lernaufgabe zu bringen. Ihr seid ja nicht weg. Ihr müsst euch so lange zurückhalten, bis sie gelernt haben, das Seil zu benutzen und selbst hinaufzuklettern.

Deswegen geht es euch so schlecht in diesem extremen Energiegefälle. Doch es wird immer leichter werden. Je mehr Menschen um die Seelenpläne und Seelenverträge wissen und erwachen, desto geringer wird das Gefälle, und umso leichter wird es.

Versteht uns nicht falsch: Natürlich sollt ihr für eure Mitmenschen da sein. Aber manchmal können sie ihren Weg nur durch euer komplettes Loslassen finden.

Sie werden es zuerst nicht verstehen, aber mit dem Moment, in dem sie anfangen, ihren Weg zu gehen, werden sie dieses große Geschenk erkennen.

Jesus erklärt das Energiegefälle:

Ich bin, der ich bin und immer war, jetzt und allezeit. Ihr seid weit gereist, oft inkarniert, und das Ereignis, für das ihr all das auf euch genommen habt, steht kurz bevor.

Der Eintritt in die Schwingung der Vollkommenheit, der Wechsel in die Siebte Dimension.

Viele Menschen befinden sich aber noch in den unteren Energien. Es entstehen Energiegefälle, und dies obliegt der Zeitbeschleunigung.

Bis dato befinden sich drei Energien auf Erden: 666, 999 und 121212.

Das bedeutet für euch immer noch die Gefahr des Absturzes, und ihr müsst mühevoll wieder hochklettern. Das kostet Kraft.

Wir wissen, wie es euch ergeht, wir erkennen jeden Einzelnen von euch an seinem Seelenstrahl.

Bruder, Schwester, das Energiegefälle obliegt der Übergangsphase. Alle Menschen wollen erwachen, alle wollen hoch. Das steht so in euren Seelenplänen.

Für jene, die niederer Schwingung sind, bedeutet es allerdings, dass sie sich entscheiden müssen.

Ja, entweder gehen sie eine Stufe höher, oder sie werden von der Erde gehen. Es obliegt dem freien Willen, hier dürfen wir nicht eingreifen. Erst wenn sich eine Seele entschlossen hat, die Stufen des Erwachens emporzusteigen, dürfen wir wieder helfend unterstützen.

Stellt euch vor, ihr geht eine Straße entlang, doch diese Straße, die eigentlich wunderbar eben sein sollte, ist es nicht. Hier kommt ein Berg, den ihr hochklettern müsst, um auf dem Weg zu bleiben, dann geht es den Berg wieder runter, rauf und runter. Das kostet euch Kraft. Das ist das Energiegefälle, es entsteht, weil die Zeit beschleunigt und der Weg noch nicht geebnet ist.

Versteht ihr jetzt, versteht ihr es?

Die Straße mit den hohen Gefällen wird es dann so nicht mehr geben, es wird Leichtigkeit entstehen, und durch das Ereignis an Ostern werdet ihr schwebender sein. Leichtigkeit entsteht, darum ist Erdung jetzt so wichtig.

Wie wollt ihr den Schwebezustand erleben, wenn ihr nicht in der Schwere wart?

Hoher Würdenträger, Avatar, Engel, ich, Jesus, sage euch: Es ist geschafft.

Ihr seid am Ziel, es ist jetzt.

DER WEG IST DAS ZIEL.

Seid gesegnet.

In Liebe,
Jesus Christus, der unter euch ist.

☆☆☆

Die Neue Zeit

In dem Moment, in dem diese Zeilen durchgegeben werden, befindet ihr euch mitten in der Übergangszeit – eine sehr schwierige Zeit für euch.

Wir wissen es. Für euer Empfinden ein großer Zwiespalt. Ihr wart bereits eingetreten in die Goldene Stadt, und gleichzeitig spürt ihr die alten Energien wie noch nie.

Einerseits Zeitbeschleunigung, dann habt ihr wieder das Gefühl, komplett in alte Muster zurückgefallen zu sein!

Euch kommt es vor, als wenn sich euer Leben komplett neu schichtet.

Ihr fühlt euch wie nach einem Schleudertrauma. Aber auch hier: In dem Moment, in dem eine bestimmte Anzahl Menschen erwacht ist, wird es leichter. In diesem Moment könnt ihr vollkommen eintreten in die Neue Zeit. Eintreten in die Energie von 121212. Ihr habt eure Arbeit getan. Habt euch alles angeschaut. Ihr könnt jetzt vollkommen eintauchen in die Energie von 121212 und eintreten in das Goldene Jerusalem. Dann wird es leichter für euch. Ab diesem Moment geht es euch besser. Die Zerrissenheit und gleichzeitig auch das Zähe, das ihr empfindet, hören auf. Ihr fühlt euch leichter, und der Eintritt in die Leichtigkeit beginnt. Ab diesem Moment wird es allerdings für die Menschen, die sich geweigert haben, ihrem Seelenplan zu folgen und auf den Ruf ihres Herzens zu hören, noch schwieriger und bedrückender, was die Energien anbelangt. Die Sicherheitsnetze ihrer Seelenpläne ziehen sich noch enger zusammen. Doch seid ohne Sorge, sie gehen ihren Weg, auch wenn manch einer noch eine „Ehrenrunde" dreht. Sie kommen auf ihren Weg.

Das Universum, die Geistige Welt, GOTT, reichen ihnen immer wieder die Hand. Wir verurteilen hier niemanden. Und ihr solltet es auch nicht.

Wir wissen um jeden Einzelnen und die Herausforderungen. Wir, die Geistige Welt, sind sehr geduldig. Ihr solltet es mit euren Mitmenschen auch sein. Uns ist klar, dass ihr immer wieder Menschen, die ihr liebt, in Liebe loslassen müsst, damit ihr euren Weg weitergehen könnt. Ihr seid eingetreten in die Goldene Stadt, in das Goldene Jerusalem. Jetzt endgültig. Das ist der Unterschied zur Übergangszeit. In der Übergangszeit konntet ihr immer wieder hinabblicken in das Gefälle und wart in Gefahr, abzustürzen.

Nicht mehr, wenn diese Übergangsphase vorbei ist. Dann seid ihr vollständig eingetreten in das Goldene Jerusalem. Auch hier findet dieser endgültige Eintritt in das Goldene Jerusalem individuell statt. Übergangsphase und Neue Zeit überschneiden sich, laufen eine Weile parallel, eben weil noch nicht alle Menschen erwacht sind.

Ihr könnt erst dann komplett in die Neue Zeit eintreten, wenn ihr vollkommen im Einklang seid mit dem höchsten göttlichen Willen. Wenn ihr vollkommen transformiert seid und das Wissen des Lebens beherrscht. Das hört sich für euch wie eine unvorstellbare Hürde an.

Ihr sagt jetzt: Aber wir sind Menschen. Und wir sagen euch: Ja, das stimmt. Und wir sagen euch: Ihr müsst nicht „vollkommen" sein, wenn ihr vollständig in die Goldene Stadt eintretet. „Vollkommen" meinen wir hier im Sinne der Vollkommenheit, wie ihr es aus eurer Sicht seht. Aus der Sicht der Geistigen Welt seid ihr vollkommen. Mit dem Wissen des Lebens meinen wir hier, dass ihr unserer Führung vertraut und euch nicht dagegenstemmt. Mit Wissen des Lebens meinen wir, dass ihr erkennt, wenn ihr euch vom Weg eurer Seele entfernt und sofort Korrekturen vornehmt. Mit Wissen des Lebens meinen wir aber auch, das irdische Leben zu genießen und zu leben. Das Leben im Hier und Jetzt, die tiefe Verbindung und Verbundenheit zu Lady Gaia und gleichzeitig die Verbundenheit zur Geistigen Welt. Ihr müsst auf Erden SEIN wollen.

Ihr müsst das Leben richtig lieben, und ihr müsst LEBEN. Ganz bewusst in einem menschlichen Körper leben. DA SEIN WOLLEN. Darum geht es in der Neuen Zeit. Den Himmel Gottes auf Erden leben, nicht erst den Körper verlassen und dann in den himmlischen Sphären Gott erfahren. Nein, hier im Irdischen. Ganz bewusst. Was meint ihr, warum ihr da seid? Gott will euch auf Erden in einem menschlichen Körper, damit ihr dort den Himmel erlebt. Darum geht es. Das ist das Kennzeichen der Neuen Zeit.

LEBEN
LIEBE
LEICHTIGKEIT
FREUDE
GEISTIGER und MATERIELLER REICHTUM

Liebt eure Materie. Liebt sie. Und vertraut uns. Vertraut unserer Führung. Ihr macht jetzt die Erfahrung, dass diese Führung immer ungewöhnlicher wird und ihr nicht mehr versteht, was das überhaupt soll.

Und wir sagen euch: Eure Ziele stehen fest. Ihr habt eure Herzenswünsche erkannt und seid bereit, sie zu verwirklichen. Das WIE müsst ihr uns überlassen. Wir werden in diesem Buch immer wieder darauf eingehen, wie ihr eure Ziele verwirklicht. Wir wissen, wie euch diese Fragen quälen. Wir wissen es. Deswegen ist dieser Band besonders wichtig für euch. Denn während der Lektüre werden wir eure Kanäle öffnen. Ihr werdet sensibler für unsere Führung und Zeichen. Ihr werdet eher den Impulsen vertrauen, die ihr erhaltet, und dann könnt ihr sie auch sofort umsetzen. Wir werden immer wieder auf euren Weg eingehen, denn dass ihr unserer Führung vertraut und die Zeichen erkennt und umsetzt, ist wichtig für den Eintritt in die Neue Zeit.

Nichts ist mehr so, wie es einmal war. Und im Laufe der Zeit werdet ihr feststellen, dass unsere Führung zwar oft ungewöhnlich, aber dafür genial ist.

Wir wissen, wer diese Zeilen liest. Wir wissen um eure Ängste, Sorgen und Nöte. Und wir wissen um euer immer wieder auftauchendes Fragezeichen.

Wie komme ich zu meinen Zielen?
Wie setze ich sie um?

Wir wissen darum, wir wissen es.

Die Energie 121212

Die Energie 666

Die Energie 666 ist die alte Energie und kaum mehr auf Erden. Ihr habt schon viel transformiert. Sehr viel. 666 war die dunkelste Energie, die Energie des absoluten Vergessens. Die Energie ohne Anbindung, ohne Wahrnehmung von uns. Schwere, Dunkelheit, Hoffnungslosigkeit. Es fällt uns sehr schwer, diese Energie durchzugeben. Sie ist für das Medium schwer zu halten. Die Wahrnehmung dieser Energie ist für euch unerträglich, da sie die reine Energie der Hoffnungslosigkeit und Zerstörung ist.

Sie ist fast vollkommen transformiert auf Erden. Auch in Anbetracht der vielen Herausforderungen und des immer noch währenden Leids auf Erden. Und wir sagen euch: Ja.

Ihr habt diese Energie größtenteils transformiert. Es ist vollbracht.

666 wurde transformiert auf 996. Ihr schwankt nun zwischen 996 und 999.

☆☆☆

Die Energie 999

999 ist eine unglaublich hohe Energie. Für euren menschlichen Körper sehr hoch. Deswegen könnt ihr sie auch nicht immer halten und fallt immer wieder in 996. Aber ihr habt es bald geschafft. Deswegen ist es so wichtig, dass ihr euren Seelenplan verfolgt und immer wieder in die Absicht geht, euren Weg zu gehen, den Weg eurer Seele.

Auch wenn ihr diesen Weg nicht überschauen könnt, es spielt keine Rolle. Hört nicht auf, voranzugehen. Spürt die Energie von 999.

Wird es jetzt nicht leichter? Ja, genau. Ihr seid plötzlich wieder wie ein Kind. Ihr vertraut. Es spielt keine Rolle mehr, wie euer Weg aussieht. Ihr wisst um eure Ziele und kennt das große Ziel eurer Seele. Der Weg an sich ist Abenteuer. Wenn ihr es geschafft habt, unserer Führung bedingungslos zu vertrauen und zu folgen, wenn ihr es geschafft habt, euch in unsere Arme fallenzulassen, genießt ihr dieses Abenteuer.

Es gibt keinen Alltagstrott mehr, wo jeder Tag dem anderen gleicht. Nein, das Leben wird spannend, weil wir euch hierhin und dorthin führen. Weil wir euch ständig Impulse und Zeichen geben, und weil es euch Spaß macht, diesen Impulsen und Zeichen nachzugehen. Und so wird das Leben leichter für euch. Ihr müsst nur unserer Führung vertrauen und handeln, wenn wir euch den Impuls geben. Wir haben den Überblick.

Es gibt immer eine Zeit des Wartens und eine des Handelns. Den richtigen Zeitpunkt können nur wir überschauen, da wir die Fäden hinter den Kulissen für euch zusammenziehen. Wir wissen, wie schwer euch das Warten fällt, wir wissen es. Aber genau das müsst ihr trainieren.

Es ist alles eine Sache der Übung und der Wachsamkeit. Deswegen ist es auch wichtig, dass ihr einen Mentor an eurer Seite habt. So ist es leichter für euch.

In der Energie von 999 seid ihr im Vertrauen. Eure Reise beginnt erst jetzt. Ihr habt die Transformations- und Läuterungsprozesse hinter euch gelassen. Habt die Spiele eures Egos und der Schattenenergien durchschaut und beobachtet euch selbst sehr wachsam, immer darauf bedacht, in der Energie von 999 zu bleiben.

Ihr habt keine Angst mehr. Ihr seid in die Absicht eures Seelenplans gegangen und wisst, dass Seelenpläne machtvoll in Erfüllung gehen.

Aus dieser Energie, aus 999, könnt ihr eintauchen in die Energie des Goldenen Jerusalems. Eintauchen in die Energie von 121212.

☆☆☆

Die Energie 121212

121212 ist die Energie der Vollkommenheit, die Belohnung, das Eintreten und die Erfüllung der Ziele eurer Seele.

Jedes Mal, wenn ihr eine Herausforderung überwunden, ein Ziel erreicht habt und ein Herzenswunsch in Erfüllung geht, befindet ihr euch in der Schwingung von 121212. Ihr fühlt euch in solchen Momenten vollkommen glücklich. Es ist die Schwingung des Goldenen Jerusalems, die Schwingung der Vollkommenheit.

Natürlich könnt ihr diese Schwingung nicht permanent aufrechterhalten, sonst würde es keine Evolution mehr geben und das Streben nach der Verwirklichung der Gottesvisionen aufhören. Aber es ist ein Zustand, den ihr in immer kürzer werdenden Zeitabständen erreichen werdet, weil ihr immer schneller lernt, zu visualisieren und zu materialisieren. Ihr pendelt zwischen 999 und 121212 hin und her. Das sind die höchsten Energien, die ihr halten könnt.

Ostern 2009 wurde das Tor zu 121212 geöffnet. Es fand eine Schwingungserhöhung statt wie noch nie auf Erden. Dementsprechend werden die Sicherheitsnetze eurer Seelenverträge noch mehr angezogen. Ihr, die ihr in die Absicht gegangen seid, euren Seelenplan umzusetzen, für euch wird es leichter. Ihr pendelt zwischen den Energien 999 und 121212. Eine Welle der Leichtigkeit wird euch erfassen. Ihr werdet immer klarer, und euer Weg wird immer fester.

Bei denjenigen, die sich nicht für die Erfüllung ihres Seelenplans entschieden haben, werden die Sicherheitsnetze heftig angezogen. Sie sind heftigsten Prozessen ausgesetzt. Deswegen kommt es jetzt auch noch einmal zu häufigen Trennungen. Diese Trennungen sind in vielen Fällen nicht von Dauer, aber sie werden eine Zeitperiode dauern, bis die gleiche Schwingungsebene erreicht ist.

Partnerschaften können unmöglich bestehen, wenn einer der Partner auf 996 und der andere auf 999 schwingt. Das Gefälle ist dann zu groß.

Der Partner in der alten Schwingung braucht einfach mehr Zeit. Das ist alles. Seit Ostern 2009 können nur noch Partner zusammengeführt werden, die auf der gleichen Ebene schwingen.

Wir wissen, diese Worte sorgen jetzt für Verwirrungen. Wir wissen es.

Ihr sagt: Ja, und jetzt? Und wir sagen euch: Auch hier müsst ihr vertrauen und in Liebe loslassen. Lasst die Liebe los, damit die Liebe wieder in euer Leben treten kann.

Die Dinge sind nicht so, wie sie scheinen.

Wenn die Liebe in Form eines anderen Partners in euer Leben tritt, nehmt dieses Geschenk bitte an, auch wenn ihr die ganze Zeit auf einen bestimmten Partner gehofft habe. Auch wenn ihr die ganze Zeit auf euren Dualpartner gehofft habt, der sich aber wegen der Zeitbeschleunigung in seinen Netzen verfangen hat und ihr euch plötzlich in unterschiedlichen Schwingungsebenen befindet.

Wir sagen nur eins: Die Dinge sind nicht so, wie sie scheinen. Und wir sagen euch: Ihr werdet in einem jungen

Körper sehr alt an Erdenjahren. Und wir sagen euch wieder: Die Dinge sind nicht so, wie sie scheinen.

Und wir sagen euch: Wenn die Liebe in euer Leben tritt, heißt diese Liebe willkommen. Ihr sollt für eure viele Arbeit belohnt werden und nicht warten, wenn ein Partner, mit dem ihr ein gemeinsames Wirken aufgeschrieben habt, noch eine „Extrarunde" dreht.

Wir sagen nur eins: Die Dinge sind nicht so, wie sie scheinen, und Seelenverträge gehen machtvoll in Erfüllung.

Es meldet sich zu Wort Erzengel Chamuel:

Ich bin Erzengel Chamuel, auch genannt der Engel der Liebe.

Ich möchte euch mitteilen, dass nichts verlorengeht. Wir wissen, bei vielen haben sich Fragen aufgetan. Fragen über die Liebe und das vorangehende Kapitel.

Ihr fragt nun: Warum muss ich meine Dualseele loslassen, wenn es doch positiv im Seelenplan steht?

Nun, ihr habt einen freien Willen, das heißt, auch wenn etwas fest verankert ist im Seelenplan, könnt ihr erst einmal eine Extrarunde drehen.

Nein, ihr könnt keine falschen Wege gehen, es obliegt aber euch, ob ihr das Ziel gleich und zeitbeschleunigt ansteuert oder auf scheinbaren Umwegen dorthin kommt.

DER WEG IST DAS ZIEL.

So ist es in der Liebe, wir wissen, wie es euch geht, wir wissen, wie sehr ihr euch nach der Erfüllung der innigsten Verbundenheit sehnt.

Nun, was heißt loslassen überhaupt, und warum werden einige von euch von der Liebe geradezu zum Loslassen gezwungen? Loslassen heißt, die Liebe erwartet und fordert nichts, die Liebe will frei sein.

Lasst den Mann, die Frau eures Herzens los, wenn ihr euch scheinbar immer nur im Kreis bewegt und nichts vorangeht. Dann gebt die Liebe frei, denn damit haltet ihr genau das ein, was in eurem Seelenplan steht.

DIE LIEBE WILL FREI SEIN.

Vertraut bitte, ihr werdet das Liebste nicht verlieren. Im Gegenteil, der Partner kommt zu euch zurück oder dreht eine Extrarunde, um das, was mit euch nicht gelernt werden konnte, mit einem anderen Menschen zu lernen.

Versteht ihr, versteht ihr jetzt?

Ihr handelt unbewusst genau nach dem Seelenvertrag und weil ihr euch keine Lernpartnerschaft, sondern ein geheiltes, harmonisches Zusammenleben aufgeschrieben habt. So fordert das Liebste, was ihr habt, euer Loslassen geradezu heraus. Weil der Seelenpartner noch etwas zu lernen hat und euch hier nicht belasten will.

Das geschieht alles unbewusst, doch es hat alles einen Sinn. Gibt es einen größeren Liebesbeweis?

Der Liebe Freiheit zu schenken, im Vertrauen und in der Gewissheit, dass sie zu euch zurückkehrt?

Hört auf euer Herz, dies ist die Verbindung zu dem, was wirklich ist und sein wird.

Ich, Chamuel, sage nur eins: Die Dinge sind nicht so, wie sie scheinen, und Seelenverträge gehen machtvoll in Erfüllung.

Es dankt und segnet euch mit höchster Energie,
Erzengel Chamuel.

☆☆☆☆☆

Seelenpläne

Euer Seelenplan

Ihr habt euren Seelenplan erkannt und seid bereit, dem Ruf eures Herzens zu folgen. Ihr habt eure Herzenswünsche wahrgenommen. Ihr spürt und seid in Gedanken eins mit eurem Seelenplan. Es ist wichtig, euren Seelenplan ernst zu nehmen. Es ist wichtig, in die Absicht zu gehen und dem Ruf eurer Seele zu folgen. Nur so könnt ihr Erfüllung und Frieden finden. Nur so. Wir werden in einem anderen Kapitel genauer darauf eingehen, wie ihr in eurem irdischen Erleben den Seelenplan umsetzt.

Jetzt ist es uns wichtig, dass ihr eure Seele spürt. Öffnet euer Herz. Lauscht eurer inneren Stimme. Es spielt keine Rolle, wie ihr diese innere Stimme nennt. Sei es Höheres Selbst, Unterbewusstsein oder der goldene Engel in euch. Sei es die Stimme Gottes oder einfach nur die ICH BIN-GEGENWART in euch. Es spielt keine Rolle, wie ihr sie benennt, denn alle diese Begriffe sind eure innere Stimme. Verwendet den Begriff, mit dem ihr euch wohlfühlt. Es spielt keine Rolle. Wichtig ist nur, dass ihr lauscht. Wir wissen, wir wiederholen uns immer wieder. Durch alle sieben Bände sprechen wir über den Seelenplan.

Diese Wiederholungen sind von uns beabsichtigt. Allein das Aussprechen des Wortes „Seelenplan" bewirkt einen Weckruf in euch. Das Wort „Seelenplan" ist stark energetisiert und verbindet euch wieder mit eurer Seele, ruft Erinnerungen in euch wach.

Es ist eure Bestimmung, diesem Seelenplan zu folgen. Gott hat euch einen Auftrag gegeben. Und es ist eine Ehre und hohe Auszeichnung, diesen Auftrag zu erfüllen. Ein Dienst an der Menschheit und an Lady Gaia. Ihr selbst habt euch verpflichtet, diesen Auftrag zu erfüllen. Ihr selbst habt Gott um Erlaubnis gebeten, erneut zu inkarnieren, und ihn gebeten, diesen Auftrag erfüllen zu dürfen.

Ihr habt vorgesprochen vor Gott, und ihr habt euch verpflichtet, diesen Auftrag zu erfüllen. Denn die meisten von euch inkarnierten dieses Mal freiwillig.

In diesem Leben seid ihr eine besondere Verpflichtung eingegangen, es ist alles anders als in anderen Leben. All die anderen Leben habt ihr euch auf diese Inkarnation vorbereitet.

Und deswegen ist sie eine besondere. Eine Inkarnation mit Herausforderungen wie noch nie, aber auch mit Belohnungen wie noch nie.

Deshalb musstet ihr vor dieser Inkarnation bei Gott vorsprechen, umringt von der Geistigen Welt habt ihr vorgesprochen vor den größten Würdenträgern des Universums.

Und Gott hat euch die Erlaubnis gegeben, zu inkarnieren. Und Gott hat bestimmt, dass eure Ziele in Erfüllung gehen müssen. Gott hat ein festes Sicherheitsnetz angeordnet, dass all die Ziele, die der Rettung des Blauen Planeten und der Entstehung des Gartens Eden auf Erden dienen, in Erfüllung gehen.

Und Gott hat die Gnadenenergie festgelegt. Gott hat festgelegt, dass er, wenn ihr euch zu sehr im Ego verfangt, euch mit der Gnadenenergie entlasten darf.

Deswegen finden auch so viele Planänderungen statt. Bedingt durch die Zeitbeschleunigung bewirkt die Gnade Gottes viele Planänderungen, die nur den Weg betreffen, nicht aber die Ziele. Also wundert euch nicht, wenn es euch hierhin und dorthin führt.

Wundert euch nicht. Ihr müsst bedingungslos vertrauen. Wir wissen, wie ihr gefordert seid. Wir wissen, dass immer wieder eure Kräfte nachlassen.

Aber ihr werdet es leichter haben, wenn ihr immer wieder loslasst. Lasst los, lasst euch führen. Hört auf die Impulse, folgt ihnen. Das sind die Momente, in denen wir mit euch sprechen und euch führen.

Natürlich habt ihr Wahlmöglichkeiten. Deswegen sind dieses Mal die Dualseelen zusammen inkarniert. Wir haben euch schon öfters berichtet, dass überall ein gemeinsames Wirken geplant ist. Aber wenn eine der Dualseelen sich gegen den Weg der Seele entscheidet und zögert, ist es so eingerichtet, dass die andere Dualhälfte weiter voranschreitet und verwirklicht und erreicht, was gemeinsam aufgeschrieben wurde.

Wir wissen, es ist für euch schwierig und kompliziert zu verstehen.

Eure Seelenpläne und Seelenverträge sind ein System von Wahlmöglichkeiten, das Erfahren von Lernaufgaben, und trotzdem die Umsetzung fester Ziele. Die, wir sagen jetzt mal „fixen" Ziele werden umgesetzt. Und der Weg zu diesen Zielen beinhaltet Wahlmöglichkeiten, und diese Wahlmöglichkeiten beinhalten Lernaufgaben. Ihr habt immer die Wahl, euch für den Weg eurer Seele zu entscheiden. Dann habt ihr es einfacher. Entscheidet ihr euch gegen eure Seele, wird es beschwerlicher in Kombination mit vielen Lernaufgaben. Ihr selbst habt wiederum diese Wahlmöglichkeiten festgelegt, um euch als menschliches Wesen zu erfahren.

Und wir, die Geistige Welt, sind geduldig. Wir verurteilen niemanden, wenn er sich gegen seinen Seelenplan entscheidet. In solchen Fällen werden wir denjenigen immer wieder zu Weggabelungen führen und vor die Wahl stellen, dem Ruf seiner Seele oder dem seines Egos zu folgen. Wir sind geduldig und verurteilen niemanden, genauso solltet ihr geduldig sein und niemanden verurteilen. Das ist euer menschliches Erleben.

Und trotzdem sagen wir:

Seelenverträge gehen machtvoll in Erfüllung,
und die Dinge scheinen nie so, wie sie sind.

☆☆☆

Wahlmöglichkeiten

Ihr habt Wahlmöglichkeiten bezüglich eures Weges sowie eurer Lernerfahrungen und eures Zeitempfindens.

Ihr fragt euch, ob auch die Wahlmöglichkeit besteht, euch entgegen dem Weg eurer Seele zu entscheiden? Ihr könnt dieses tun und doch wieder nicht. Ihr könnt euch nur dann gegen den Ruf eurer Seele entscheiden, wenn ihr die Wahlmöglichkeit eingebaut habt, ein Leben gegen den Ruf eurer Seele zu leben. Es ist ein Leben, in dem ihr immer wieder die Möglichkeit erhaltet, den Weg eurer Seele einzuschlagen. Wir wissen, das schockiert euch und löst Ängste aus. Doch wir sagen euch: Die Dinge sind nicht so, wie sie scheinen.

Einerseits habt ihr euch ein Sicherheitsnetz aufgebaut, dass ihr den Ruf eurer Seele gar nicht verfehlen könnt, und jetzt sagen wir euch: Ihr könnt euch gegen das entscheiden, was eure Seele möchte, und trotzdem könnt ihr nicht verfehlen, was sich eure Seele aufgeschrieben hat.

Wir wissen jetzt um eure Verwirrung.

Und wir sagen euch: Nach unserem Ermessen gibt es keine Zeit, und wir sind geduldig. Wir sehen die Verwirklichung eurer Ziele, gleichzeitig sehen wir eure Wahlmöglichkeiten, die euren freien Willen ausmachen.

Und wir stellen euch die Frage: Wie lange haltet ihr es aus, euch immer wieder gegen euren Seelenplan zu entscheiden? Wie lange haltet ihr das aus? Ihr selbst habt euch ein strenges Sicherheitsnetz eingebaut. Früher musstet ihr immer wieder inkarnieren, um daran anzuknüpfen, was ihr im vorhergehenden Leben nicht verwirklicht habt.

Und in diesem Leben, sagen wir euch, werdet ihr sehr alt an Jahren in einem immerwährend jungen Körper. Das heißt, ihr lebt im Prinzip ohne den Wechsel von Geburt und Tod auf der körperlichen Ebene mehrere Leben.

Jetzt erschreckt ihr schon wieder. Brauchen etwa diese ganzen Ziele, die ihr euch aufgeschrieben habt, Hunderte Jahre?

Und wir sagen euch: Das obliegt eurer Wahlmöglichkeit. Ihr habt die Wahl, direkt auf eure Ziele zuzugehen und in die Absicht zu gehen, im Einklang mit eurem Seelenplan zu leben, oder ihr schlagt den Weg der Verzögerungen ein und gelangt trotzdem ans Ziel, etwas verzögert, aber ihr erreicht eure Ziele. Für uns spielt euer Zeitempfinden keine Rolle.

Für uns *sind* die Dinge. Wir haben den Überblick, und alles hat seine Berechtigung. Ihr befindet euch in einem menschlichen Körper und erlebt die Dinge von der menschlichen Ebene aus. Wir sehen eure Erfahrungen und euren Weg mit den eingebauten Wahlmöglichkeiten aus einer anderen Sicht.

Und für uns gibt es keine Wertungen, wenn ihr euren Weg verzögert. Dann macht ihr eine menschliche Erfahrung, die für euer Empfinden nicht so angenehm ist. Aber es ist eine Erfahrung, die ihr in eure Wahlmöglichkeit eingebaut habt.

Wir sind geduldig. Wir lieben euch. Wir beobachten euch. Und wir beobachten euch, wie ihr eure Erfahrungen sammelt und euch durch diese Erfahrungen selbst zu einem wunderschönen Diamanten entwickelt.

Wir beobachten, wie aus dem Rohdiamanten immer mehr ein funkelnder, leuchtender Diamant wird. Und wir sehen, wie sich alles erfüllt und das Sicherheitsnetz in Kombination mit der göttlichen Gnade so strukturiert und organisiert ist, dass der Aufstieg von Lady Gaia und das Goldene Jerusalem nicht gefährdet sind. Denn ihr als Menschheit habt den schnellstmöglichen Eintritt in das Neue Zeitalter beschlossen. Und dieser ist nicht gefährdet, auch wenn manch einer vor Schreck wegen der neuen Energien und der Zeitbeschleunigung stehenbleibt und zurück in die alte Energie geht. Aber diese Möglichkeiten werden immer geringer, weil sich die alte Energie immer weniger halten kann.

Auch eure Wahlmöglichkeiten lassen keine Gefährdung des höchsten göttlichen Plans des Lichts zu.

Deswegen seid ohne Sorge. Auch wenn ihr beobachtet, wenn ein geliebter Mensch in eurem Umfeld einen „falschen Weg“ einschlägt. Er wählt nur aus zwischen Wahlmöglichkeiten, und er bekommt immer wieder neue Möglichkeiten, die er sich wiederum aufgeschrieben hat.

Deswegen seid ohne Sorge und vertraut. Schreitet voran. Lasst euch führen.

Wir wissen, es sind besondere Zeiten mit besonderen Herausforderungen. Und mit einer Zeitbeschleunigung, wie es sie noch nie in der Geschichte der Menschheit gegeben hat.

Und wir, die Geistige Welt, beobachten das Geschehen. Und Gott selbst bestrahlt euch mit Gnadenenergie.

Verwirrungen durch Zeitbeschleunigung

Ihr selbst habt die Zeit beschleunigt. Die Menschheit hat die Zeit beschleunigt wie noch nie auf Erden.

Ihr selbst habt es untereinander abgesprochen, es auf der Seelenebene vereinbart. Als Kollektiv habt ihr die Zeit beschleunigt.

Deswegen empfindet ihr auch alles so heftig. Vieles verwirrt euch.

Ihr seid dem Ruf eurer Seele gefolgt, traut euch, eure Herzenswünsche ernst zu nehmen, und fühlt euch derweil wie in einem Schleudertrauma.

Das hängt mit eurer Zeitbeschleunigung zusammen. In einer Zeitperiode erlebt ihr so viel wie normalerweise in mehreren Jahren. Es passiert so viel in eurem Erleben: Kaum ist eine Herausforderung gemeistert, kommt gleich die nächste. Das, was heute aktuell war, ist morgen schon wieder erledigt. Ihr fühlt euch oft verwirrt und wie durchgeschleudert. Und wir sagen euch:

Das ist Zeitbeschleunigung.

Die Türen öffnen sich jetzt sehr schnell für euch. Fühlt in euch hinein, und wenn es stimmig ist, schreitet hindurch. Überlegt nicht zu lange. Sobald es stimmig ist, schreitet hindurch. Es ist für euch.

Seid immer in Kontakt mit uns. Seid immer in Kontakt zu eurem Höheren Selbst. Bedingt durch die immense Zeitbeschleunigung öffnet sich eine Tür nach der anderen, genauso wie sich Türen wieder verschließen, die nicht stimmig für euch sind.

Entscheidendes Merkmal für die Zeitbeschleunigung ist auch, dass es einem Teil der Menschheit zu schnell geht. Ausgemacht auf der Ebene der Seele, lässt es sich für manche im menschlichen Erleben nicht sofort umsetzen. Diese fallen wieder in alte Muster zurück, und Türen, die sich für diese Menschen geöffnet haben, schließen sich dann auch gleich wieder. Denn die Türen, die sich jetzt öffnen, führen direkt in die Neue Energie 121212. Und wenn ein Mensch in Bezug auf die Zeitbeschleunigung wieder in alte Muster zurückfällt, muss sich diese Tür wieder schließen.

Versteht uns nicht falsch. Wir werten hier nicht. Es ist oft schwer, auf menschlicher Ebene alles umzusetzen, was die Seele plant. Es klappt nicht immer auf Anhieb. Deswegen kommt es immer wieder zu Weggabelungen, bei denen sich der Mensch für den Willen der Seele entscheiden kann.

Und wir haben euch beobachtet in dieser immensen Zeitbeschleunigung. Wir haben beobachtet, dass einige vor dieser Beschleunigung Angst bekommen haben.

Und sie sind vorübergehend zurückgefallen in ihr ursprüngliches Tempo. Und wir sagen euch: Es macht nichts, es ändert nichts an der Zeitbeschleunigung. Es bewirkt allerdings dieses starke Energiegefälle, durch das ihr zurzeit müsst und worauf wir schon öfter eingegangen sind.

Deswegen schreitet voran. Und für die, die zurückgefallen sind, wiederholen wir: Es ist kein Scheitern, sondern nur ein Zurückfallen in das von der Menschheit ursprünglich geplante Zeitfenster – sie folgen.

Wir bitten euch, seht euch nicht um, sondern richtet euren Fokus auf die Türen, die sich jetzt für euch öffnen, und geht an denen vorbei, die sich schließen. Wenn sich eine Tür schließt, öffnet sich sofort eine andere. Dass sich immer wieder Türen schließen, hängt damit zusammen, dass einige Menschen in ihr ursprüngliches Tempo zurückfallen. Aber dafür öffnet sich sofort eine neue Tür.

Wir in der Geistigen Welt führen und leiten euch. Gott-Vater selbst überwacht das Geschehen.

Ihr, die ihr die Zeitbeschleunigung einhaltet und zurzeit so sehr unter dem Energiegefälle leidet, werdet reich belohnt. Ihr werdet noch über das hinaus belohnt, was sich eure Seele aufgeschrieben hat. Zusätzliche Gottesgeschenke werden euch überreicht. Ihr seid die Vorhut, die Erbauer des Goldenen Jerusalems. Gott-Vater selbst durchströmt euch kontinuierlich mit Gnadenenergie. Es wird jetzt leichter und leichter.

Nach wie vor müssen wir immer wieder sagen: Vertraut. Vertraut der Führung. Eure Sorgen, Ängste und Herausforderungen lösen sich nach und nach auf. Es wird immer leichter für euch.

Aber vertraut. Geht den Impulsen nach, die wir euch senden, auch wenn sie noch so ungewöhnlich sind. Vertraut. Wir führen und leiten euch. Wir schützen euch. Wir lieben euch. Wir wissen. Wir wissen. Wir verfolgen eure inneren Dialoge.

Dieser Band ist stark energetisiert. Wenn ihr euer Herz öffnet und uns die Erlaubnis gebt, werden wir immer wieder eure Ängste und Zweifel, die unbewusst oder auch bewusst in euch sind, transformieren und auflösen. Es geschieht einfach, während ihr diese Zeilen lest.

Wir arbeiten kontinuierlich mit euch. Durch alle sieben Bände arbeiten wir mit euch. Ihr erhaltet viele Segnungen und Einweihungen.

Diese Bände sind auf euren Energiekörper abgestimmt. Der gleiche Text, doch ist jedes Buch individuell, das mit euch arbeitet.

Wir wissen, wer diese Zeilen liest. Wir wissen es. Und wir sagen euch immer wieder und wieder: Vertraut.

Folgt der göttlichen Führung. Ordnet euren Willen dem höchsten göttlichen Willen unter.

Seid eins mit dem höchsten göttlichen Willen.

Seid eins mit eurer Seele.

Umso leichter wird es für euch. Umso leichter können die Lösungen zu euch kommen, und es findet die Erfüllung eures Seelenplans statt.

Wir wissen, wer diese Zeilen liest. Wir wissen es.
Und wir segnen jeden Einzelnen.
Wir segnen dich. Wir lieben dich.
Du bist nicht allein.
Wir sind ALL-EIN.

☆☆☆

Ihr Lieben, ich grüße euch, ich bin es, euer Erzengel Michael.

Die Welt steckt zurzeit in einem der größten Transformationsprozesse aller Zeiten. Das hat Auswirkungen auf euch. Alles, was schwer ist und euch belastet, geht, wird transformiert. Bitte lasst eure Sorgen los und geht in ein NEUES DENKEN und POSITIVES FOKUSSIEREN.

Das, ihr Lieben, wurde euch schon oft mitgeteilt, aber es ist in dieser Zeit enorm wichtig, die ihr so stark beschleunigt habt, dass es manchmal scheint, als würde euch alles davonfliegen.

Die Materie, die Finanzen, die Liebe, die Familie, der Beruf – gerade in diesen Bereichen, die mit eurer Seelenfamilie zu tun haben, entstehen Energiegefälle, und es ist nicht jedem dieser Menschen möglich, das Tempo zu halten. Viele fallen in ihr ursprünglich geplantes Zeitgefüge zurück.

Keine Angst, sie kommen euch nach. Jeder Mensch auf seine Weise und so, wie es sein freier Wille zulässt. Es drängt jedoch, denn alles Schwere, was ihr zu Ostern noch nicht transformiert und losgelassen habt, bleibt erst einmal bei euch und auf Erden.

Der Druck ist zurzeit stark auf die Lichtarbeiter, ihr fühlt es, es ist eine stehende Energie, die euch drückt.

Nun, das hat mit euren Seelenplänen zu tun. Es drückt, weil ihr mehr in die alte Zeit tendiert als in die neue.

Es wurde euch gesagt: Es wird alles LEICHT. So steht es auch in euren Plänen. Es ist höchste Transformation. Habt ihr zum Beispiel finanzielle Probleme, scheinen diese so stark zu sein wie nie.

Warum? Weil ihr erst loslassen solltet, lasst die alte Zeit gehen. Wenn ihr euch schwebend fühlt, erdet euch. Es herrscht eine immense Zeitbeschleunigung. Das heißt, ihr fühlt Leere, als würde eher das Alte wiederkommen.

Nein, es liegt am Loslassen, vielen fällt das schwer, bedenkt, es geht vielen Menschen so.

Darum, ihr Lichtarbeiter, geht weiter voran und dreht euch nicht um. Sonst wird euch schwindelig. Ihr könnt nur über euer Herz verstehen, was nun geschieht.

Das Materielle scheint hinterherzuhinken. Doch warum geht ihr dem Geld entgegen, es kommt doch zu euch. In der Fülle sein heißt: „Es ist alles leicht."

Wenn ihr dem Geld entgegengeht, weicht das Materielle nach hinten aus. Lasst euch führen von den Beratern, Mentoren aus der Geistigen Welt und auf Erden.

Warum versucht ihr, das Geld zu erhaschen? Es ist schneller bei euch, wenn ihr es freigebt.

Warum wartet ihr immer noch? Das Warten und die Zeit habt ihr doch transformiert.

Warum ist dein Herzenswunsch scheinbar so fern? Du hast die Fähigkeiten und die Macht eines Engels, und Engel kennen kein Nah und Fern, keine Zeit. Sie erfüllen sich ihre Wünsche sofort. Dieser Zwiespalt Mensch-Engel macht euch zu schaffen. Nun erdet euch als Mensch und versorgt euch mit den Wünschen wie ein Engel. Ihr könnt beides. Habt ihr es vergessen?

Hoher Würdenträger, Avatar der Erde, warum zögerst ausgerechnet du? Lass deine Ängste los, du wirst nicht fallen, nie.

Die Brücke ist schmal, und sie schaukelt, doch sieh nicht nach unten, sondern nach vorne. Sieh in meine Augen, ich, Erzengel Michael, führe dich über den Grat. Hab Vertrauen. Zögere nicht, denn wenn du stehenbleibst, STEHT AUCH DIE WELT.

Wie sollen die Nachfolgenden über den Grat schreiten, wenn du dort in den Seilen hängst? Es drückt dich, weil nun Spiegelungen einsetzen, die dir sagen:

Geh da weg, geh weiter, du musst weiter. Nicht zurück, sondern nach vorne und auch nicht zur Seite. Der Grat ist dafür zu schmal.

Gehe bitte aus deinem Kreis heraus und wache auf. Lass die Lösungen kommen, öffne dich und sieh dich um. Erkenne, was im Umfeld passiert, denn all das sind Spiegelungen, die sehr wertvoll sind.

Spiegelungen sind der Kontakt zum Seelenplan und zum WEG.

Vergiss nie: Du wirst unendlich geliebt.
Sei gesegnet.

In Liebe,
Erzengel Michael

☆☆☆☆☆

Den Seelenplan umsetzen

Erspüren

Ihr Lieben, die ihr unsere inkarnierten Seelenanteile seid. Wir, eure Höheren Selbste, wir sprechen zu euch. Ihr, die ihr verwirklicht, was wir aufgeschrieben haben.

Ihr und wir – wir sind eins!

Spürt unsere Liebe. Spürt unsere Führung. Wir wissen, wie es euch geht. Wir wissen es doch. Und deswegen sind diese Bücher entstanden – um euch in die Klarheit zu führen und den Schleier des Vergessens zu lüften. Sie sind entstanden, damit ihr euch wieder spürt und in Kontakt tretet mit uns, euren Höheren Selbsten. In Kontakt mit eurer Seele.

In Kontakt tretet mit GOTT!

Wir wissen um eure Fragen und häufig um eure Unsicherheiten. Ihr fragt euch, was euer Seelenplan ist und, vor allem, wie ihr ihn umsetzen könnt.

Und wir sagen euch: Geht immer wieder in die Absicht, eins zu sein mit eurer Seele. Eins zu sein mit uns.

Eins zu sein mit GOTT!

Denn letztendlich gibt es nur Gott. Wir sind Aspekte des höchsten Einen. Egal, ob Erzengel oder ein inkarnierter Seelenanteil. Wir alle sind Aspekte des höchsten Einen. Deswegen spielt es auch keine Rolle, welchen Begriff ihr für euren göttlichen Anteil verwendet. Es spielt keine Rolle, ob ihr Höheres Selbst, Goldener Engel, Geistige Welt, Universum oder Gott sagt. Es spielt keine Rolle, wie ihr es benennt.

Entscheidend ist, dass ihr euch zu Gott bekennt und seinen Willen auf Erden verwirklichen wollt. Entscheidend ist, dass ihr Gott durch euch wirken und erfahren lassen wollt. Denn das, und nur das, bringt euch reichen Segen und die Erfüllung. Nur das ist Sinn und Zweck eures Erdendaseins. Was meint ihr, warum ihr inkarnieren wolltet? Dem Ruf eurer Seele zu folgen, immer wieder herauszufinden, in jeder Situation zu fragen: Was hat sich meine Seele aufgeschrieben? Was ist der Wille meiner Seele?

Betont immer wieder und wieder:

Ich ordne meinen Willen unter den Willen meiner Seele.
Mein Wille und der Wille meiner Seele sind eins.
Mein Wille und der Wille Gottes sind eins.

Wir können gar nicht genug wiederholen, wie wichtig diese Absicht ist. Deswegen wiederholen wir es immer und immer wieder. Diese Wiederholungen dienen dazu, euer Unterbewusstsein zu transformieren.

Ego und Schattenenergien setzen immer wieder zum Angriff an. Deswegen fühlt ihr euch oft verunsichert. Immer wenn ihr verunsichert seid, fragt euch: Was will meine Seele, was will Gott?

Bittet um Führung, geht in die Absicht, euren Willen dem höchsten Willen Gottes unterzuordnen. So werden enorme Kräfte freigesetzt, und eure Seele jubiliert.

Ihr fragt euch immer wieder: Wie spüre ich meinen Seelenplan? Was ist mein Seelenplan? Und wir sagen euch: Es ist einfach, ganz einfach.

Erspürt eure Herzenswünsche. Manch einer sagt vielleicht: Ich kann nichts spüren. Ich weiß nicht, wie es ist, zu spüren. Ich weiß es einfach nicht.

Und wir sagen euch: Jeder, jeder, ohne Ausnahme, der diese Bücher liest, wird spüren können. Jeder. Wir arbeiten durch diese Zeilen mit euch.

Wir kennen jeden Einzelnen von euch, wir sind doch eure Höheren Selbste. Wir sind ihr. Ihr seid unsere inkarnierten Seelenanteile. Ihr seid wir. Und wir benutzen diese Zeilen, um mit euch zu arbeiten. Ihr könnt gar nicht anders. Nach diesen Büchern spürt ihr: Oh ja, ihr spürt, und Tränen fließen bei so vielen von euch.

Weil ihr euch endlich spüren könnt. Ihr Lieben, vertraut, ja, ihr spürt euch. Und jetzt fühlt hinein in euer Herz. Wir durchströmen es gerade mit unserer Liebe.

Gott durchströmt es mit Liebes- und Gnadenenergie. Jesus Christus mit Heilungsenergie und gold-weißem Licht.

Und jetzt, schaut und fühlt wieder hinein in Euer Herz. Was sind eure Träume? Was? Ja, ihr wisst es. Ihr wisst es. Ihr traut euch nur nicht.

Und jetzt führen wir euch wieder Energie zu, durchströmen euch mit der Energie des Urvertrauens und des Erinnerns.

Erinnert ihr euch? Ihr habt es euch vor dieser Inkarnation als eure Herzenswünsche aufgeschrieben, sie sind die Ziele, die ihr auf Erden verwirklichen wollt.

Und vor eurer Inkarnation spracht ihr vor, vor GOTT und vor den Würdenträgern des Universums. Ihr spracht vor. Und Gott beauftragte euch, als Lichtträger auf Erden diesen Auftrag zu erfüllen. Deswegen sind eure Herzenswünsche der Auftrag Gottes. Ihr verpflichtetet euch, dies zu verwirklichen. Spürt ihr es?

Und eure Herzenswünsche sind eingebettet in ein erfülltes Leben in allen Bereichen. Ein Leben in Reichtum, geistig und materiell. Ein Leben in der Liebe, in Glück, Freude und Gesundheit.

Ihr Lieben, und jetzt verpflichtet ihr euch erneut, dies umzusetzen.

Während ihr diese Zeilen lest, verpflichtet ihr euch erneut vor Gott, und Gott selbst erteilt euch erneut diesen Auftrag. Er erteilt euch den Auftrag, glücklich zu sein, ein Leben in geistigem und materiellem Reichtum, ein Leben in der Liebe, ein Leben in Glück, Freude und Gesundheit.

Und jetzt, wie geht es euch jetzt? Ja, ihr spürt es, und ihr spürt diese Kraft, die euch durchströmt. Ihr seid jetzt in die Absicht gegangen, euren Seelenplan zu erspüren und erneut zu bejahen. Geht immer wieder in diese Absicht. Immer wieder. Gerade jetzt in der Übergangsphase des starken Energiegefälles. In dieser Zeit, in der euch durch euer Umfeld und die Medien so viel Angst und Massenbewusstsein gespiegelt wird. Gerade in dieser Zeit, in der eurer Verstand so oft rebelliert in Anbetracht der Herausforderungen und heftigster Transformationsprozesse, in der sich eure Seele von allem befreit, was sie nicht in die Neue Zeit mitnehmen kann.

Gerade in dieser Zeit solltet ihr eure Herzenswünsche ernst nehmen und in die Absicht gehen, sie umzusetzen.

Erspürt, und dann geht in die Absicht, sie umzusetzen. Das Wie, darauf gehen wir noch ein.

Ihr Lieben, wir wissen, wer ihr seid.
Wir sind ihr, und ihr seid wir.
Ich bin du, und du bist ich.
Erinnere dich.
Spüre.
Spüre dich.
Und in dem Moment, in dem du dich spürst,
sagen wir:
Willkommen!
Willkommen zu Hause!
Denn wenn du dich spürst, spürst du

GOTT!

Den Seelenplan bejahen

Wichtige Einweihungen wurden euch im letzten Kapitel gegeben. Einweihungen, um euch zu spüren. Immer wieder arbeiten wir mit euch. So viel ist passiert in eurem Leben, seit ihr den ersten Teil gelesen habt. So viel. Und immer wieder führen wir euch in Kontakt mit dem, was ihr selbst festgelegt habt, was eure Seele verwirklichen möchte. Immer wieder, und auch jetzt führen wir eine erneute Einweihung durch, indem ihr euren Seelenplan bejaht. Er ist der Grund, warum ihr erneut inkarniert seid. Der Sinn eures Lebens, euren Seelenplan umzusetzen.

Und es gibt einen gemeinsamen Nenner all eurer Seelenpläne, und dieser gemeinsame Nenner lautet:

Glück.

Ihr wollt einfach nur glücklich sein, und zu diesem erfüllten, glücklichen Leben gehört ein Leben in Balance. Ein Leben, in dem zu gleichen Anteilen der spirituelle und der irdische Aspekt der Materie gelebt werden.

Ihr wundert euch, wenn ihr spirituell lebt und euch mit den spirituellen Wahrheiten beschäftigt, warum dann der materielle Geldfluss ausbleibt?

Und wir sagen euch: Das Geld kann gar nicht zu euch fließen, wenn ihr das Spirituelle nicht im Irdischen lebt. Wie oft kommt es vor, dass viele spirituell denkende Menschen auf jemanden deuten, der gerade, für euer Empfinden, mit einem „dicken" Auto vorbeifährt? Ihr solltet denjenigen segnen und sagen: „Was für ein schönes Auto!", und nicht voller Verachtung auf ihn zeigen. In diesem Moment verurteilt ihr materiellen Reichtum. Wie soll dann das Geld zu euch kommen? Ihr sollt erstreben, Geld zu haben. Jeder definiert selbst für sich, wie viel er braucht.

Für den einen bedeutet Reichtum ein monatliches Einkommen von 5000 Euro, der andere sagt, mindestens 1 Million. Und wir sagen: Es spielt keine Rolle. So viel, wie ihr euch wünscht, kann euch das Universum zuführen.

Ein Mensch, der das Spirituelle lebt, dem mangelt es nie an Geld. Bedenkt: Wenn es euch gut geht, wie viel mehr könnt ihr der Menschheit dienen. Wie viel Gutes könnt ihr bewirken, wie viel leichter könnt ihr geben. Und das betrifft alle Aspekte eures Lebens.

Der gemeinsame Nenner all eurer Seelenpläne ist es, das Spirituelle umzusetzen und zu leben. Gottes Visionen in die Materie zu bringen und zu leben. Gott braucht euch als Kanal für die Umsetzung. Deswegen lebt, setzt um, was euch gegeben wird. Lebt die spirituellen Wahrheiten. Lebt sie. Überprüft kontinuierlich eure Gedanken. Wie sind eure Gedanken ausgerichtet? Sind sie auf Fülle oder Mangel ausgerichtet? Überprüft euch immer wieder und habt vor allem eins: Freude an der Materie.

Erfreut euch an den schönen Dingen, die euch das Leben bietet. Je mehr ihr euch mit den schönen Dingen, und sei es eine Designeruhr, ein schönes Auto, Damenschuhe, oder was immer für euch schön ist, beschäftigt, desto schneller kann die Materie zu euch fließen.

Sagt bitte nicht: „Das kann ich mir nicht leisten." Sagt:

„Das kaufe ich mir, auch wenn das Geld noch nicht da ist.“ So kann sich das Geld auf den Weg zu euch machen.

Wir gehen jetzt besonders darauf ein, weil wir wissen, wie sehr euch das Thema „Geld“ beschäftigt, wir werden im Laufe des Buches noch einmal darauf eingehen.

Aber jetzt sagen wir euch:

- Es gehört mit zur Bejahung eures Seelenplans, neben dem geistigen auch materiellen Reichtum zu erschaffen.
- Es gehört mit zur Bejahung eures Seelenplans, gesund zu sein.
- Es gehört mit zur Bejahung eures Seelenplans, gerne auf Erden zu sein.
- Es gehört mit zur Bejahung eures Seelenplans, Freude am Leben zu haben, im Hier und Jetzt.
- Es gehört mit zur Bejahung eures Seelenplans, in einem menschlichen Körper glücklich zu sein und alles zu genießen, was das Leben in der Materie zu bieten hat.
- Es gehört mit zur Bejahung eures Seelenplans, Schönheit zu erschaffen.
- Es gehört mit zur Bejahung eures Seelenplans, auf euren Körper zu achten.
- Es gehört mit zur Bejahung eures Seelenplans, auf ein gepflegtes Äußeres zu achten.
- Es gehört mit zur Bejahung eures Seelenplans, immer wieder in die Absicht zu gehen, dem Wunsch und dem Willen der Seele zu folgen.
- Es gehört mit zur Bejahung eures Seelenplans, in das Goldene Jerusalem einzutreten.

- Es gehört mit zur Bejahung eures Seelenplans, den Garten Eden auf Erden zu erschaffen.
- Es gehört mit zur Bejahung eures Seelenplans, JA zum Leben zu sagen.
- Sagt JA zu eurem Leben.
- Sagt: JA, ich gehe den Weg meiner Seele, denn dieser Weg ist

die Liebe,
das Glück,
die Vollkommenheit.

Ihr Lieben, tretet vor GOTT und sagt JA.

Und, ihr Lieben, tretet vor GOTT und sagt DANKE.

Sagt DANKE, dass ihr ausgewählt wurdet, diese Inkarnation antreten zu dürfen, mit so einem wundervollen Auftrag. Und sagt DANKE in Anbetracht dieser wundervollen göttlichen Liebe, der Führung und des Schutzes. Denn GOTT liebt euch, liebt dich, sieht für dich nur Glück und Leichtigkeit vor.

Deswegen begebt euch voller Vertrauen auf den Weg, den eure Seele vorsieht, auch wenn ihr nicht alles überschauen könnt. Aber dafür gibt es die göttliche Führung.

Und wieder sprechen wir dieses eine Wort aus, das ihr immer wieder von uns hören müsst, das neben dem Loslassen eine der größten Herausforderungen auf der Ebene des menschlichen Erlebens ist:

VERTRAUT!

Der Weg der Umsetzung

Ihr habt euren Seelenplan erspürt und ihn bejaht. Jetzt geht es um die Frage:

Wie setzt ihr um?

Was müsst ihr bei der Umsetzung beachten?

Ihr seid euch eurer Ziele bewusst, aber wie sieht der Weg dorthin aus?

Es gibt zwei Themen, die ihr immer wieder anwenden und umsetzen müsst:

Vertrauen und Loslassen.

Euer Leben fordert immer wieder die Energie des Vertrauens und des Loslassens. Immer und immer wieder. Anfangs tut ihr euch schwer mit dem Vertrauen. Es ist Übungssache. Ihr müsst es trainieren, immer wieder, und dann, eines Tages, ist euer Unterbewusstsein durchtränkt von Vertrauen. Dann könnt ihr gar nicht mehr anders.

Ihr vertraut.

Und wenn ihr vertraut, beherrscht ihr perfekt eure andere Lernaufgabe:

Loslassen.

Euer Weg zu euren Zielen ist immer wieder gekennzeichnet vom Loslassen. Immer wieder müsst ihr loslassen. Alte Verhaltensmuster, alte Denkweisen, Menschen, Situationen, überholte Vorstellungen. Immer wieder. Nur so könnt ihr eure Ziele verwirklichen und in die Materie bringen. Es erfordert ein kontinuierliches Training und Überprüfen der Gedankenmuster. Wir wissen, es ist nicht einfach, es auf menschlicher Ebene umzusetzen. Aber ihr seid nicht allein. Wir sind bei euch, wir führen und wir helfen euch, und wir senden euch immer wieder Menschen, die euch helfen.

Wir führen euch zu Türen, die sich öffnen.

Aber bevor ihr zu der geöffneten Tür gehen könnt, bevor ihr sie überhaupt finden könnt, müsst ihr den Blick abwenden von der Tür, die sich gerade geschlossen hat. Ihr müsst diese Tür loslassen, damit ihr die geöffnete Tür findet.

Ihr müsst loslassen und euch weiterbewegen, euren Blick heben, aufmerksam sein und wissen: Es gibt eine andere Tür, die sich in dem Moment geöffnet hat, als sich die andere geschlossen hat.

Deswegen, wenn sich auf eurem Weg eine Tür schließt, was immer wieder vorkommt, verweilt nicht an dieser geschlossenen Tür und bleibt dort regungslos, mit gesenktem Blick stehen. Nein, lasst diese Tür los, hebt voller Vertrauen den Blick und lasst euch zu der Tür führen, die sich öffnet, in dem Wissen, dass es diese Tür gibt und etwas viel Besseres für euch vorsieht.

In dieser Zeit der Übergangsphase und des extremen Energiegefälles kann es sehr häufig vorkommen, dass sich

Türen plötzlich schließen, die sich gerade erst für euch geöffnet hatten. Das liegt daran, dass ein Teil der Menschheit in Anbetracht der Zeitbeschleunigung vor lauter Schreck kurzfristig in alte Verhaltensmuster zurückfällt. Gleichzeitig ist aber eine Zeitbeschleunigung vorgesehen. In diesem Fall müssen wir euch unverzüglich zu einer anderen Tür führen, weil ihr nicht so lange warten könnt, bis sich die Menschen hinter dieser Tür wieder gefangen haben und auf ihren Weg zurückgehen. In dieser Zeit führen wir euch lieber sofort zu einer anderen Tür, hinter der die Menschen mit der Zeitbeschleunigung mithalten können. Das ist der Grund, warum ihr innerhalb kürzester Zeit hierhin und dorthin geführt werdet. Jeder kann seine Wahlmöglichkeit wahrnehmen. Niemand bleibt ohne Chance.

Und ihr, die ihr euch nicht beirren lasst durch die Zeitbeschleunigung, dürft nicht aufgehalten werden.

Vertraut dieser Führung. Wir haben den Überblick. Vertraut und lasst immer wieder los. Wir haben den Überblick. Von der menschlichen Ebene könnt ihr nicht alles überblicken. Erst im Nachhinein wird es euch klar.

Vertraut euren Impulsen und folgt ihnen. Folgt den Impulsen zu handeln genauso wie abzuwarten. Wir haben den Überblick, wann der optimale Zeitpunkt zum Handeln eintritt. Es ist immer ein Wechsel: handeln, abwarten, handeln. Euer Weg erfolgt in Zyklen:

Vertrauen – Loslassen
Handeln – Abwarten.

Wenn ihr unsicher seid, geht immer wieder in die Absicht, eurem Seelenplan zu folgen und dem Willen eurer Seele zu entsprechen. Immer wieder. Ihr könnt dann gar nicht anders, als dem Weg eurer Seele zu folgen, auch wenn ihr mal verunsichert seid oder den Überblick verliert.

Wenn ihr euch auf dem Weg befindet, müsst ihr auf ein besonderes Gleichgewicht achten. Achtet darauf, dass ihr das spirituelle und das irdische Erleben in gleichen Anteilen lebt. Achtet bitte darauf.

Das ist die Voraussetzung für den materiellen Fluss. Das ist die Ursache dafür, dass so viele spirituell arbeitende Menschen nicht in der materiellen Fülle leben. Liebt das irdische Leben in all seinen Facetten. Genießt die irdischen Dinge. Bekennt euch dazu, dass Geld Energie ist. Geld ist der Maßstab dafür, wie es mit eurem Energiegleichgewicht aussieht. Anhand des Geldflusses könnt ihr überprüfen, wie es mit eurer Erdung aussieht.

Geld ist nichts anderes als Energie.

Erdet euch immer wieder, erdet euch. Geht hinaus in die Natur, hinaus ins Leben. Genießt die Gesellschaft anderer Menschen. Geht ins Kino, schwimmen, tanzen. Macht etwas Verrücktes oder Unsinniges. Seid wieder Kind.

Lebt, lebt, lebt!

Genießt die Materie, genießt euer irdisches Dasein. Taucht ein in die Materie und lasst, wenn ihr viel geistig gearbeitet habt, auch mal die spirituelle Arbeit los. Das ist wichtig für euren Weg.

Bringt euch immer wieder ins Gleichgewicht, immer wieder. Lebt ein Leben in Balance. Das ist wichtig für euren Energiefluss. Wenn ihr in Balance lebt, kann die materielle Fülle umso leichter zu euch fließen. Es ist alles Training und ein ständiges Beobachten und Korrigieren. Aber auch hier habt ihr bald euren Rhythmus gefunden und den Dreh raus.

Erinnert euch, als ihr Autofahren gelernt habt. Die Balance zwischen Kupplung, Brems- und Gaspedal. Erinnert ihr euch, wie holprig ihr die ersten Fahrstunden gefahren seid und wie mühevoll es war, und manch einer von euch dachte, das lernt er nie? Und nun macht ihr euch keinerlei Gedanken mehr. Ihr betätigt ohne Aufhebens die unterschiedlichen Pedale und macht teilweise zig andere Dinge nebenher, telefoniert mit dem Handy, raucht, sprecht mit eurem Beifahrer und beachtet zusätzlich noch die Verkehrsregeln. Seid ihr in Harmonie, ist das alles ohne Komplikationen, und es läuft, ohne dass ihr euch irgendwie anstrengen oder nachdenken müsst. Reine Trainingssache.

Genauso verhält es sich mit dem Gleichgewicht zwischen dem spirituellen und dem irdischen Erleben. Ihr müsst euch einfach bewusst sein, dass beides zum Leben gehört. Genauso wie Brems- und Gaspedal zum Auto. Fehlt ein Pedal oder funktioniert es nicht richtig, ist die Fortbewegung mit dem Auto nicht mehr möglich.

Ihr Lieben, wir, euer Höheres Selbst, wir, die Geistige Welt, bitten euch: Ruft euch immer wieder ins Bewusstsein:

Bejahung des Seelenplans.
Vertrauen.
Loslassen.
Führen lassen von den Impulsen,
die wir euch senden.
Das wiederum bewirkt:
Handeln,
abwarten.
Und achtet auf euer Gleichgewicht:
Spirituelles Erleben,
irdisches Erleben.

Wenn ihr diese Aspekte immer wieder überprüft, wird aus eurem Weg, der euch oft als unstet und schwankend, mühevoll und eng erscheint, ein gerader, fester, leichter Weg.

Ihr seid nicht allein. Wir helfen euch. Und wenn ihr uns nicht hören könnt, senden wir euch Menschen, die euch unsere Botschaft vermitteln. Wir lassen euch nicht allein.

Denn ihr seid die Erbauer des Goldenen Jerusalems.

Ihr seid die, die sich zu ihrem Seelenplan bekennen.

Ihr seid die, die in die Absicht gegangen sind, ihren eigenen Willen dem Willen der Seele unterzuordnen.

Ihr seid die, die in die Absicht gegangen sind, ihren eigenen Willen unter den Willen des höchsten Einen zu stellen.

Ihr seid die, die in die Absicht gegangen sind, den göttlich erwachten Menschen auf Erden zu leben.

Ihr seid die Avatare der Neuen Zeit.

Meint ihr wirklich, wir lassen euch allein, meint ihr das wirklich?

Nein, wir führen und leiten euch und freuen uns darüber, dass ihr verwirklicht, was wir aufgeschrieben haben.

Ihr seid unsere inkarnierten Seelenanteile.

Wir sind ihr, und ihr seid wir.
Ich bin du, und du bist ich.
Es gibt kein Allein.
Es gibt nur ein ALL-EIN.
Seid gesegnet.
Sei gesegnet, Avatar auf Erden.
DU, der DU bist der
göttlich erwachte Mensch auf Erden.

AN`ANASHA – Danke.

☆☆☆☆☆

Vollkommenheit

Taucht ein in die Energie der Vollkommenheit. Taucht ein in 121212. Lasst euch durchrieseln von der Energie der Vollkommenheit, denn ihr seid vollkommen. Ihr seid es. Ihr müsst euch nur erinnern. Ihr Lieben, ihr müsst euch nur erinnern und euch einführen in diese Energie. Wir führen euch ein in diese Energie, und ihr spürt euch, und ihr spürt 121212. Und es spielt keine Rolle, was sich zurzeit in der Dualität abspielt. Nein, es spielt keine Rolle. Ihr müsst euch nur wieder an eure Einzigartigkeit, eure Großartigkeit und eure Ursprünglichkeit erinnern, und wir sind ihr, und ihr seid wir.

Diese Energie der ALL-EINHEIT führt euch wieder nach Hause in die Vollkommenheit. Dazu müsst ihr nicht euren Körper verlassen, nein, dazu müsst ihr im Hier und Jetzt, im Irdischen, leben, und in die Absicht gehen, zu leben, was der Schöpfer für euch vorgesehen hat:

Vollkommenheit!

☆☆☆

Vertrauen

Die Energie der Vollkommenheit ist immer ein Sein im Vertrauen.

Vertrauen!

Seid ihr in der Energie des Vertrauens, können die Dinge fließen. Natürlich tauchen in eurem menschlichen Erleben immer wieder Ängste auf, aber entscheidend ist, dass die Energie des Vertrauens überwiegt.

Und wir tauchen euch jetzt ein in diese Energie. Öffnet euer Herz, spürt, wie die Ängste und Zweifel, die sich immer wieder drehenden Gedanken weichen und Ruhe und Frieden in euer Herz einkehren.

Vertrauen ist das Wissen um die Lösungen, auch wenn sie noch nicht greifbar sind. Aber sie sind. Und in der Energie des Vertrauens könnt ihr eintauchen in die Energie der Lösung. Und in dieser Energie können wir die Lösung zu euch bringen.

Wie können Lösungen zu euch gebracht werden, wenn ihr ständig eintaucht in die Energie der Probleme und der Schwere?

Vertrauen beinhaltet Loslassen. Lasst das Problem los, das euch so sehr belastet. Gebt es in unsere und in die Hände Gottes.

Wir stehen neben euch und warten, dass ihr es abgebt. Wie können wir euch die Lösungen reichen, wenn ihr mit geballten Händen an dem Problem festhaltet?

So lasst das Problem los, öffnet eure Hände, gebt ab, und wir können in eure geöffneten, leeren und aufnahmebereiten Hände die Lösung hineinlegen. Wir wissen, wie schwierig es für euch ist. Aber wenn es euch schwer fällt, geht wenigstens in die Absicht. Sprecht mit uns. Bittet uns um Hilfe. Wie bereits erwähnt, ist es Trainingssache, und je mehr ihr das Loslassen trainiert, desto leichter wird es euch fallen, und ihr befindet euch in der Energie des Vertrauens, bis die Energie des Vertrauens euer Unterbewusstsein vollkommen durchtränkt hat.

☆☆☆

Schönheit

Ihr alle tragt ein Ideal in euch, eine Vorstellung von Schönheit. Ihr alle strebt nach Schönheit, seid auf der Suche nach Schönheit.

Diese Suche hängt mit euren Erinnerungen aus der Zeit des göttlich erwachten Menschen in Lemurien und Atlantis zusammen. Deswegen habt ihr auch eine bestimmte Vorstellung davon, wie euer Körper aussehen soll. Es sind Erinnerungen. Eure Seele sehnt sich nach Schönheit. Schönheit ist der Reichtum des Lebens. Es ist das, was ist und sein wird.

Euer Planet wird sich wieder in dieses einst ursprüngliche Ideal wandeln, das ihr in euch tragt. Eure Bauten, Städte und Dörfer, eure Kunst, alles, was ihr erschafft, wird jetzt diesem Ideal entgegenstreben. Es wird eine vollkommen neue Ausrichtung entstehen.

Besonders auffallen wird es euch eines Tages im Bereich der Kunst. Eure Kunst, als Spiegel der Gesellschaft, wird sich von der zurzeit verwirrenden chaotischen Kunst in die sakrale, spirituell erhebende Kunst entwickeln. Genauso wird alles, was von Menschenhand erschaffen wird, erhebend, harmonisch sein.

Euer Aussehen wird sich nach und nach verändern. Versteht uns nicht falsch, wir finden euch wunderschön. Aber eure Bewegungen, euer Gang, eure Körperform werden noch harmonischer werden. Übergewicht wird für euch kein Thema mehr sein. Jeder wird den Körper ausbilden, den die Seele vorgesehen hat, wenn die vollkommene Heilung stattgefunden hat. Deswegen seid ihr zurzeit auch körperlich so gestresst und müde, geplagt von vielen Lichtkörpersymptomen. Das ist vorübergehender Natur. Der Körper stellt sich um. Immer wenn ihr ein Thema heilt oder transformiert, muss der Körper es auch transformieren. Seid geduldig mit diesen Prozessen.

Öffnet eure Augen wieder für das Schöne. Umgebt euch mit Schönem.

Betrachtet die Schönheit in der Natur. Versinkt in der Schönheit eines Musikstücks. Taucht ein in die Schönheit eines Duftes, der eure Sinne verwöhnt. Durchtränkt euer Unterbewusstsein mit Schönheit.

Schönheit ist die Fülle und der Reichtum des Lebens. Was wäre eure Welt ohne Schönheit? Es ist eure Pflicht, Schönheit zu erschaffen, indem ihr euch mit Schönheit beschäftigt. Verwöhnt auch eure Sinne mit Schönheit. Je mehr ihr euch mit Schönheit beschäftigt, desto mehr wird die Schönheit auf eurem Planeten fest verankert. Desto mehr schwinden die Dinge, die euren Augen und Sinnen nicht guttun und euer Unterbewusstsein verwirren. Schaut hin. Schaut hinein in die Schönheit.

Betrachtet die Vollkommenheit in der Schönheit einer Rose. Betrachtet die Vollkommenheit in der Schönheit der Augen eures Gegenübers.

Und, vor allem: Achtet auf eure Worte. Welche Worte verwendet ihr? Sind es harmonische Worte, Worte die hoch schwingen und Schönheit erzeugen? Welche Worte sind es? Achtet darauf.

Und die Bilder, die ihr in euren Medien betrachtet?

Was sind das für Bilder? Ihr habt die Wahlmöglichkeit, worauf ihr euren Fokus richtet. Ihr habt die Wahlmöglichkeit. Bedenkt: Bilder sind sehr machtvoll. Sie durchtränken euer Unterbewusstsein. Und wir fragen euch wieder: Mit welchen Bildern wollt ihr euch umgeben? Mit welchen Bildern?

Und wir sagen euch: In eurem Seelenplan steht die Erschaffung von Schönheit. Denkt daran, wenn ihr wieder Bilder betrachtet oder Worte wählt.

Und denkt daran:

Ihr seid die Erbauer des Goldenen Zeitalters.
Und ihr tragt ein Ideal in euch.
Dieses Ideal ist Erinnerung.
Und diese Erinnerung ist

Schönheit.

Es meldet sich zu Wort Maris:

Ich, Maris, stamme vom Planeten Arkturus und grüße euch mit den Worten: OMAR TA SATT.

Wie geht es euch? Geht es euch gut? Ich möchte berichten, wie ihr zum Idealmaß kommt. Jeder, der diese Zeilen liest, hat einen Herzenswunsch, wie sein Körper aussehen soll. Hättest du gerne eine Umformung? Nun, warum änderst du es nicht?

Wie, fragst du? Indem du deinen Zellen befiehlst, sich so zu verhalten, wie es vonnöten ist.

Für dieses Meisterwerk musst du dich allerdings auf der höchsten Schwingung befinden. Du solltest Meister im Loslassen und Vertrauen sein, dich also in der Vollkommenheit befinden. Auf dem höchsten Plateau.

Lass alte Körpermuster los und speichere gedanklich deine Idealmaße. Vertraue auf deine Kräfte und Fähigkeiten. Du bist ein Teil der Geistigen Welt.

Ich studiere die menschlichen Fähigkeiten mit Freuden. Maris ist aufgefallen, dass, wenn ihr etwas begehrt, in der Schwere sprecht. Warum, frage ich dich?

Ihr fragt: „Ich bin dick, wann werde ich schlank?" „Mein Busen ist zu klein, meine Hüfte zu breit, mein Po zu wenig." Warum sprichst und denkst du in der Schwere?

Du willst doch eine Veränderung, dann zieh diese an und nutze deine Fähigkeiten. Leider muss Maris sagen, dass die menschlichen Fähigkeiten sehr oft brach liegen.

Du hast die Fähigkeiten und den unstillbaren Wunsch, Schönheit zu erschaffen und schön zu sein.

Es steht so in deinem Seelenplan. Dann tue es, erschaffe Schönheit und fang bei dir an. Liebe Menschenseele, erinnere dich, damals in Lemurien und Atlantis konntest du es.

Hier möchte Maris sagen: Wir Arkturianer finden die menschliche Rasse wunderschön.

Wir aus Arkturus sind alle im Idealmaß und kennen keine Beschwerden, dabei essen und trinken wir sehr gerne und ausführlich in Gesellschaft. Feiern dauern bei uns auf Arkturus oft mehrere Tage. Allerdings essen wir nie unsere Freunde, die Tiere. Wir ernähren uns vegetarisch, aber wir lieben auch das Süße.

Wie wir das machen, uns so auf Idealmaß zu halten und ewig schön zu bleiben? Das verrate ich dir nächstes Mal und auch, wie du es ebenfalls kannst.

Denkt über meine Worte nach.
Es war mir eine Freude.
Ich danke euch.
Bis nächstes Mal.

Euer Maris.
AN' ANASHA

☆☆☆

Harmonie

Harmonie entsteht automatisch, wenn Schönheit ist. Das eine ist ohne das andere nicht denkbar. Und es ist die Sehnsucht eurer Seele.

Ihr sehnt euch nach Harmonie. Harmonie und Schönheit sind die Sehnsucht eurer Seele nach dem Ursprung eurer Seele.

Es ist die Sehnsucht nach zu Hause. Aber eure Aufgabe ist es, dies hier auf Erden zu verwirklichen. So ist es in euch verankert.

Harmonie. Wenn ihr euch darauf ausrichtet, euch darauf fokussiert, werdet ihr überall Harmonie finden.

Am schnellsten zugänglich in den großen Meisterwerken großer Komponisten. Hört hinein in diese Werke. Sie sind aus der Geistigen Welt, sie sind Vollkommenheit. In diesen Werken findet ihr alle Elemente der Vollkommenheit.

Und das Schöne ist:
Diese Meister der Vollkommenheit haben
es geschafft, die Botschaften und Informationen
der Geistigen Welt ins Irdische zu bringen.
Was für ein Schöpfungsprozess.
Was für eine Schönheit.
Was für eine Harmonie.
Was für eine Vollkommenheit.
Klänge aus der Wirklichkeit.

Und jede Seele hat ihren eigenen Klang, bringt ihre

eigene Komposition auf Erden. Und wenn jede Seele ihren eigenen Klang auf die Welt bringt und diesen Klang zulässt und in die Materie bringt, was meint ihr, welch wunderschöne vollkommene Komposition auf Erden entsteht? Was meint ihr, was dann entsteht?

Ja, dadurch entsteht Vollkommenheit.

Und wir fordern euch auf: Bringt euren innersten Klang zum Klingen, bringt dieses kostbare Geschenk auf Erden. Verwirklicht es.

Und der einst kranke Planet, dieser wunderschöne Blaue Planet, der so weit hinabsank in die Materie und dessen Melodie nicht mehr in Harmonie war, wird wieder eine Melodie erklingen lassen, die das ganze Universum verspüren wird. Und das ganze Universum wird daraufhin auch seine Melodie verändern.

Und es wird eine neue Komposition gespielt. Es wird keinen Missklang mehr auf Erden geben, denn jeder Seelenklang ist in Harmonie. Und eine Komposition von lauter harmonischen Klängen, was meint ihr, welch Meisterwerk entsteht?

So verwirklicht euren Klang, tragt bei zu diesem Meisterwerk.

☆☆☆

Leichtigkeit

Seid ihr im Hier und Jetzt und im Vertrauen, dass ihr ein beschütztes Kind Gottes seid, befindet ihr euch in der Leichtigkeit. Ihr könnt dann gar nicht anders.

Ihr befindet euch in der Leichtigkeit des Seins.

Sorgen, Ängste, Zweifel und was euch sonst belastet, haben keinen Raum in dieser Leichtigkeit. In der Leichtigkeit zu sein heißt, wieder Kind zu sein.

Ihr vertraut, fühlt euch geborgen und getragen. Ihr fühlt euch leicht. Durch dieses Sein in der Leichtigkeit verändert sich alles. Ihr geht leichter, eure Haltung wird wieder aufrecht, eure Gesichtszüge entspannter, und Verjüngung tritt ein. Eure Zellen sind durchflutet von Licht.

Wie die Kinder seid ihr erfreut an Bewegung und am Spiel, und aus dieser Leichtigkeit heraus erschafft ihr wieder Leichtigkeit.

Je öfter ihr es schafft, diesen Zustand der Leichtigkeit zu erleben, desto leichter wird euer Leben.

Euer Leben wird immer leichter, weil ihr aufgehört habt, euch immer wieder aufs Neue in euer Gedankenkarussell zu begeben.

So wird euer Leben leichter, weil ihr euch keine unnötigen Gedanken mehr macht. Ihr befindet euch im Hier und Jetzt und seid trotzdem ausgerichtet auf die Ziele eurer Seele. Aber ihr habt aufgehört, euch Gedanken zu machen, wie der Weg dorthin verlaufen wird.

Ihr habt verstanden, dass über den Verlauf des Weges nur die Geistige Welt den Überblick haben kann. Deswegen macht ihr euch keine Gedanken mehr darüber. Ihr wisst um die Führung und dass ihr immer zum richtigen Zeitpunkt den richtigen Impuls erhalten werdet. So hören eure Sorgen auf, und ihr kommt in die Leichtigkeit.

Wir wissen, wie sehr ihr euch nach diesem Gefühl sehnt, wir wissen es.

Und wir sagen euch: Wenn ihr dem Ruf eurer Seele folgt und euch auf den Weg begebt, habt ihr euch auch die Leichtigkeit aufgeschrieben.

Ihr Lieben, hört auf, es euch unnötig schwer zu machen. Gebt die Schwere ab, gebt die Sorgen ab, legt alles in unsere Hände. Gebt ab. Die Lösungen sind da, die Belohnungen, alles wartet darauf, dass ihr die Schwere und die Sorgen abgebt.

Es ist nicht schwer,
es ist LEICHT.
Ihr müsst es nur zulassen.
Und in dem Moment, in dem ihr es zulasst,
in diesem Moment sagen wir:
WILLKOMMEN.
WILLKOMMEN
in der Leichtigkeit

Denn das ist es, was der Schöpfer für euch vorgesehen hat. Und deswegen ist auch eure Sehnsucht nach der Leichtigkeit da.

Freude

Ihr Lieben, seid ihr in der Leichtigkeit, dann seid ihr in der Freude. Dann könnt ihr gar nicht anders, als in der Freude zu sein. Ist es nicht schön, nach all dem Schweren, nach all diesen Transformations- und Loslösungsprozessen in der Freude zu sein? Oh, wie genießt ihr. Wer könnte diese Freude mehr genießen als ihr. Nach allem, was ihr transformieren und loslassen musstet. Wer könnte es mehr genießen als ihr. Die Energie der Vollkommenheit ist eine Energie der Freude, der puren Lebensfreude im Hier und Jetzt. Der Freude am Sein. Der Freude zu sein. Die Engel der Meere, die Delfine, sie leben euch diese Freude vor. Eure Kinder leben euch diese Freude vor. Beobachtet auch eure Tierkinder, wie sie euch diese Freude vorleben.

Vorbei die Schwere, vorbei die Mühsal. Leichtigkeit, Freude, Vollkommenheit. Im Fluss des Lebens sein, im Einklang mit eurer Seele, das ist Freude. Seid ihr vollkommen eins mit eurer Seele, seid ihr automatisch in einem Zustand der Freude beziehungsweise werdet immer wieder in den Zustand der Freude geführt.

Freude bringt euch automatisch Freunde, bringt euch Gesellschaft. Und befindet ihr euch vorübergehend in einer Phase, in der ihr ohne Partner seid, dann holt euch die Freude aus eurer teilweise empfundenen Einsamkeit in der Dualität in das All-EIN-SEIN der Wirklichkeit.

Liebe

Liebe – allumfassende, bedingungslose Liebe. Die Wirklichkeit. Die Energie, die uns in der Wirklichkeit sein lässt. Überall wo Liebe ist, ist Gott. In dieser Energie haben Ego und Schattenenergien keinen Raum.

Warum meint ihr, setzt Ego alles daran, die Liebe zu zerstören?

Aber die Liebe ist die Wahrheit, und die Wahrheit sucht sich immer ihren Weg. Ist die Wirklichkeit, ist die Vollkommenheit,

IST GOTT!

Der Beweggrund eurer Handlungen ist die Liebe. Ihr sehnt euch nach nichts anderem als nach der gelebten allumfassenden, göttlichen Liebe.

Diese Liebe umfasst alles. Das Leben der allumfassenden, bedingungslosen göttlichen Liebe ist das Ziel, die Erfüllung eurer Seele. Diese gelebte Liebe lässt euch ankommen, lässt euch ankommen

ZU HAUSE!

Die Dualität hat die Liebe verzerrt in die bedingte Liebe. Die gelebte Liebe des Egos ist die bedingte Liebe. Die Liebe der Wirklichkeit ist die bedingungslose Liebe. Es gibt keine schönere Erfahrung. Diese gelebte Liebe macht frei und leicht. Die Liebe unter Bedingungen ist verfärbt und verzerrt. Deswegen macht euch diese gelebte Liebe so unglücklich mit ihren ständigen Begleitern der Forderungen, der Eifersucht, der Erwartungen und der Kontrolle.

Deswegen sind Partnerschaften für euch eine so große Herausforderung. In der Energie der Vollkommenheit werden eure Partnerschaften in Partnerschaften transformiert, in der zwischen den Partnern die göttliche Liebe bedingungslos gelebt wird.

Deswegen wird zurzeit so viel transformiert, finden herausfordernde Prozesse in bestehenden Partnerschaften statt, oder es kommt zu Trennungen. Für die göttliche Liebe müssen beide Partner die gleiche Schwingungsenergie haben.

Aber nicht nur in Partnerschaften ist die göttliche Liebe die Erfüllung. Es geht darum, diese Liebe in Allem-was-ist zu leben. Macht euch zum Gefäß für diese Liebe. Lasst diese Liebe durch euch pulsieren, spürt, wie sie einfließt in euer Kronenchakra, euren Körper, wie sie jede Zelle durchströmt und wie sie hinausatmet in die Welt, in das Universum, und wie sie wieder zu euch zurückkehrt in der Liebe, die euch andere Menschen geben, in Form von schönen Erlebnissen und der Fülle des Lebens. Wenn ihr es immer mehr schafft, euch ganz bewusst in diese göttliche Liebe zu begeben und euch von dieser Liebe durchfluten lasst, könnt ihr gar nicht mehr anderes, als diese Liebe zu leben.

Dann seid ihr bewusst verbunden mit Allem-was-ist. Dann seid ihr im tiefsten Frieden, geborgen, geschützt und in der Fülle des Lebens. Dann seid ihr in der Wirklichkeit. Dann ist das Leben leicht und voller Freude, farbig, pulsierend, wundersam und wunderbar, voller Wunder. Und eurem Leben wohnt ein ganz besonderer Zauber inne.

Dann seid ihr im Einklang mit dem höchsten göttlichen Willen, mit dem höchsten Einen,

Mit GOTT.

Und was gibt es Schöneres, als diese gelebte VOLLKOMMENHEIT. Sagt uns, was gibt es Schöneres?

Und ihr fragt euch: Was ist der Sinn des Lebens? Wenn ihr diese Vollkommenheit lebt, braucht ihr dann wirklich noch zu fragen? Braucht ihr das wirklich?

Ihr Lieben, wir, die Geistige Welt, sitzen euch zu Füßen und verneigen uns vor euch, wir verneigen uns vor eurer Schönheit. Wir verneigen uns vor eurer Vollkommenheit.

Es meldet sich zu Wort Erzengel Chamuel:

Ich bin der Engel der Liebe und der Inspiration. Meine Energie bringt dich, geliebte Erdenseele, wieder ins Gleichgewicht.

Chamuel meldet sich zu Wort, um dir zu sagen: Hab keine Furcht, gehe ohne Angst in die Neue Zeit.

Du hattest viel aufzulösen und fühlst dich oft wie im Kreis, als würde der Loslösungsprozess bewirken, dass alles zu dir zurückkommt, statt zu gehen. Oh, ich weiß, geliebte Seele, wie müde du bist. Doch möchte ich dich daran erinnern: Vergiss das Loslassen nicht. Lass wirklich los.

Die Ängste und Traumen, alles, was du auflösen wolltest in dieser Inkarnation, ist nicht im Nebel in der Dualität verschwunden. Nein, das wolltest du nicht. Du hast hier ein Sicherungssystem im Seelenplan eingebaut. Das bedeutet, dass das, was du transformieren willst, für dich sicht- und spürbar bleibt. Wie solltest du sonst auflösen, und was?

Du hast all die Jahre in genau dieser Transformationsaufgabe deinen Ursprung, deinen Seelenvertrag gefühlt. Weil es für dich unbewusst eine Verbindung war, fiel es dir sehr schwer, loszulassen. Verstehst du es, verstehst du jetzt? Ja, so ist es, eine Verbindung zu deiner geistigen Heimat, deinem Seelenvertrag, war und ist in all deinen Auflösungen. Darum erinnere dich, erkenne und lass los. Durch den goldenen Engel in dir, dein Höheres Selbst, bist du immer mit uns verbunden. Dies ist untrennbar, es ist deine Verbindung mit der WIRKLICHKEIT.

Lebe die Freude, die Leichtigkeit und die Liebe. Sei wieder so unbeschwert wie ein Kind. Sei wieder albern. Komm, wir lachen zusammen. Komm, wir träumen zusammen. Komm mit in die Leichtigkeit des Seins, die dich mit dem Ursprung verbindet.

Lass alte beschwerliche Gedankenmuster los. Lass alte, müde, schwere Gedanken los und gehe in die FREUDE, in die LIEBE. Du bist sehr mächtig über den Geist, mächtiger als du denkst. So ziehst du das an, was in deinen Gedanken ist. Dein Weg bis hierher war lang, viele Inkarnationen hast du auf dich genommen, um dabei zu sein, um in die VOLLKOMMENHEIT zu gehen.

Wir wissen, wie es euch geht, wir wissen, wer dies liest, wir wissen, wer du bist. Ohne deinen Seelenstrahl wäre die Erde dunkler, ohne dich wäre Gaia kälter. Wir danken dir für all dein Tun. Wir danken dir, und vergiss nie:

DU WIRST UNERMESSLICH GELIEBT.

Sei gesegnet, sei umhüllt mit höchstem rosafarbenem Licht.

In Liebe,
Erzengel Chamuel.

☆☆☆☆☆

Gelebte Schöpferkraft

Die Umsetzung eures Seelenplans als gelebte Schöpferkraft

Willkommen, ihr Lieben. Willkommen in der Energie der Vollkommenheit. Und in dieser Energie setzt Gottes Willen um, setzt um, was ihr euch aufgeschrieben habt. Setzt euren Seelenplan um.

Lebt die Schöpferkraft. Lebt diese spirituellen Botschaften. Lebt dieses geistige Wissen, setzt es um. Setzt es um in die Materie. Mit dem Wissen, das wir euch in sieben Bänden gegeben haben, um euch zu erinnern, mit diesem Wissen setzt um. Viele Informationen sind zwischen den Zeilen für eure Seele, die euer Verstand gar nicht wahrnimmt.

Seid Schöpfer. Entscheidet euch immer wieder, im Einklang mit eurem Seelenplan, mit eurer Seele, mit Gott zu leben. Macht es euch immer wieder bewusst.

Ihr seid Schöpfer. Und als Schöpfer bringt ihr eure Visionen in die Materie, und dann lebt ihr die Schöpferkraft. Das ist der Sinn eures Daseins, eures Lebens. Deswegen wird es nie Stillstand geben in eurem Leben. Es geht immer weiter, aber in der Neuen Energie müsst ihr nichts mehr transformieren aus vergangenen Leben, dann seid ihr

FREI!

Und aus dieser Freiheit heraus die Schöpferkraft zu leben:

WAS GIBT ES VOLLKOMMENERES?
WAS GIBT ES VOLLKOMMENERES?
Deswegen müsst ihr Sehnsucht in euch verspüren,
Sehnsucht nach
Harmonie,
Leichtigkeit,
Freude,
Freiheit,
Liebe.
Ihr habt es euch bewusst eingepflanzt, damit ihr
VOLLKOMMENHEIT
erschafft.

Taucht ein in den Schöpfungsprozess. Verbindet euch immer wieder mit eurem Höheren Selbst. Tretet ein in die Mahatma-Energie, seid eins mit dem höchsten göttlichen Willen, dem einen Willen, der immer wieder aus sich heraus erschafft.

Folgt dem Ruf eurer Seele. Wir wissen, wie es euch geht während der Transformation. Aber der Lohn ist groß. Sehr groß.

Wir sind da. Wir lassen euch nie im Stich. Wir sind immer da und helfen euch. Schreitet voran und gebt immer wieder an uns ab.

Gebt ab jeden Schmerz, jedes alte Verhaltensmuster. Gebt ab alles, was euch behindert und nicht mehr guttut, und legt es hinein in unsere Hände, die wir neben euch mit geöffneten Händen stehen, um euch abzunehmen.

Und wenn ihr alles abgegeben und transformiert habt, wird euer Weg ein Weg der Leichtigkeit und der Freude. Ihr geht euren Weg und erschafft wunderbare gottgegebene Visionen und bringt sie in die Materie.

Und dabei seid ihr wie die Kinder. Staunend, offen, verspielt, im Hier und Jetzt und offen für die Wunder des Lebens.

Und der Schöpfer kann durch euch wirken und bringt euch dadurch Segen. Und euer Planet ist ein anderer, weil die Menschheit erwacht ist.

Der Göttliche Mensch auf Erden ist da. Und das Himmelstor öffnet sich und wir, die Geistige Welt, schreiten hindurch zu euch. Wir sind nicht voneinander getrennt, wir waren es nie.

Aber jetzt lüften sich die Schleier. Wir, die Geistige Welt, schreiten durch das Himmelstor und reichen euch, dem göttlichen Menschen auf Erden, die Hände.

Wenn ihr wüsstet, wie groß das Gefolge ist, das jeder von euch um sich hat. Wenn ihr das wüsstet. Ihr hättet keine Sorge, keine Angst mehr.

Wir sind bei euch. Wir sind unter euch. Wir sind eins. Und Jesus Christus, der Sohn, er ist unter euch. Er ist da. Ihr werdet IHN erkennen an den Augen, und dann wisst ihr: ER ist wieder da.

Und dieses Mal gibt es keinen irdischen Tod. Nein, dieses Mal wird er in einem menschlichen Körper unter euch sein, in einem menschlichen Körper.

JESHUA, er ist da!

Und die Zeit der Wunder und der Freude auf Erden bricht an. Und der göttliche Mensch auf Erden wandelt in dem neu erschaffenen Garten Eden, wandelt in EDON, und Frieden auf Erden ist.

Und der Mensch auf Erden achtet und liebt seinen Nächsten wie sich selbst, denn er hat gelernt, dass er sich achten und lieben muss.

Und der Mensch auf Erden weiß, sein Gegenüber ist ein göttlicher Ausdruck, so, wie er ein göttlicher Ausdruck auf Erden ist.

Und er weiß, dass jeder eine besondere Gabe mit auf Erden bringt.

Und er weiß, dass die Fülle und der Reichtum unendlich sind.

Und er weiß, dass Altern und Krankheit Illusion sind.

Und er weiß, dass es nichts Schöneres gibt, als den eigenen Willen unter den Gottes zu stellen.

Was gibt es Schöneres?

Denn unter Gottes Willen wäre nie passiert, was auf Erden geschah. Unter Gottes Willen wäre es immer EDON geblieben.

Ihr Lieben: Willkommen im Himmelreich Gottes auf Erden. Willkommen zu Hause.

Willkommen in der Erfahrung, zu Hause zu erleben, ohne den Körper verlassen zu müssen.

Und wir, das Gefolge, wir verneigen uns vor dir, AVATAR auf Erden, göttlicher Mensch.

Schreite voran, schreite voran, schreite voran. Befreie dich endgültig von deinem Ego und den Schattenenergien.

Gehe hindurch. Du gewinnst, und wir, das Gefolge, stehen da und reichen dir die Hände, jubeln dir zu, denn jetzt bist du neugeboren, bist frei, hast besiegt Ego und Schattenenergien.

☆☆☆

Worte Gottes

Ich bin es, Gott Vater. Spüre mein Licht, spüre meine Energie. Höchste Energien fließen nun durch dich.

Wie geht es dir, mein liebes Kind? Oh, ich kenne deine Gedanken (Gott lacht). *Natürlich weiß ich, wie es dir geht. Ich kenne jeden Gedanken, jedes Wort, jede Tat von dir.*

Oh ja, Gott lacht gerne. Darum lacht ihr auch so gerne. Wenn ihr wüsstet, wie unermesslich geliebt ihr seid und wie sehr wir euch begleiten, jede Stunde eures Lebens. Nun hebt sich der Vorhang, und ihr tretet ein in die Vollkommenheit. So kehrt auch das göttliche Lachen, die Fröhlichkeit, die Leichtigkeit in euer Leben.

Ich, Gott-Vater, erzähle dir jetzt dein Leben aus unserer Sicht.

Geliebte Seele, als du vor uns standest, noch in der Geistigen Welt, und uns die Planung deines Lebens vorlegtest, wurde es ganz still, und wir fanden deine Planung gewagt. Ja, wir hielten Rat und baten dich, deine Planung sanfter zu gestalten.

„Warum?“, fragtest du, „ich habe mich gut abgesichert durch die Sicherheitsnetze im Seelenplan. Ich werde erkennen, welchen Weg ich gehen soll. Ich will meine Belohnungen nicht sanft haben.“ (Hier applaudierte und lachte der Kosmische Rat spontan, weil du so energisch auftratest.) *„Ich werde geboren in einem Zeitalter der Technik, der Medizin, des Wohlstands, des Goldenen Jerusalems. Ich fühle mich sicher, genau dort will ich hin.“*

So wurde der Seelenplan von uns abgesegnet, Avatar der Erde: Seitdem stehst du unter unserem besonderen Schutz.

Dann wurdest du geboren, und alles begann. In deinen ersten Lebensjahren sahst du uns noch und warst so fröhlich wie wir, lachtest oft mit deiner geistigen Heimat. Weintest, wenn du ins Bett musstest, weil du fürchtetest, wir wären beim Aufwachen nicht mehr da. Deine Eltern sorgten sich und ließen dir ein kleines Licht an, damit dir die Nacht nicht so dunkel schien.

Nun, du konntest noch nicht sprechen, wie hätten sie wissen sollen, dass du keine Angst vor der Dunkelheit hattest, sondern vor dem Nebel. Angst vor der Dualität. Angst, deine Freunde aus der Heimat nicht mehr zu sehen und zu hören. Angst, der schöne Engel, der immer da war und dich so oft mit Schabernack zum Lachen brachte, könnte plötzlich weg sein. Wie oft streckten sich deine kleinen Hände nach deinem Engelfreund aus, und wie oft versuchtest du, die Erwachsenen auf IHN aufmerksam zu machen. Wie oft fingst du plötzlich an, vor Enttäuschung zu weinen. Wie oft. Gott weiß, wie es dir geht. Deine himmlischen Begleiter waren immer bei dir. Immerdar.

Auch als du anfingst, uns zu vergessen, wir waren bei dir. Auch als du als Teenager so traurig warst, weil du dachtest, keiner würde dich um deiner selbst willen lieben. Wir waren da, liebten dich genauso, wie du warst und bist.

Auch als du dich zum ersten Mal verliebtest, waren wir bei dir. Als die Liebe dich dann wegstieß und du bittere Tränen weintest, waren wir bei dir. Oh, wir hätten dich ger-

ne getröstet, von deiner Planung erzählt und dass du all diese Erlebnisse aufgeschrieben hattest. Doch du konntest uns nicht hören. Natürlich nicht, liebes Kind, du musstest doch erst in das Vergessen, um danach erwachen zu können.

Wir waren bei dir, als du die Schule beendetest und erwachsen wurdest. Wir waren bei all deinen Ereignissen bei dir und hielten oft den Atem an. Wir rieten dir damals, genau diese Prüfungen des Lebens sanfter zu gestalten. Die Geistige Welt darf in Seelenpläne nur eingreifen, sofern ihr hier die Gnadenfrequenz verankert habt. Erinnert ihr euch? Erinnerst du dich?

Wenn du wüsstest, was wir alles unternahmen um dich zu schützen, wie oft wir dir Menschen sandten, die dir Worte und Nachrichten überbrachten, die eigentlich von uns stammten.

Wenn du diese Planung und Ausführung deiner Begleitung lesen könntest. Oh, du wärst erstaunt. Wende dich an deine weltlichen oder geistigen Mentoren. Sie dürfen seit Ostern 2009 auch in den Schriften lesen, die bei deiner Begleitung entstanden sind.

Oh, wie wirst du erstaunt sein, wenn du siehst, wie sehr wir dir geholfen haben, und wie sehr du geliebt und geschützt bist und immer warst.

Ein Geschenk aus deiner geistigen Heimat, du darfst nun auch in deinen Protokollen lesen, die in der Geistigen Welt bei der Begleitung deines Lebens entstanden sind. DAS BUCH DER HEIMAT. So wollen wir es nennen.

Und wir nehmen euch an die Hand und führen euch durch diese Schriften in die Zeit der VOLLKOMMENHEIT. Wir wissen, wie es euch geht, wir wissen, wer diese Zeilen liest. Wir wissen, wie lange und ermüdend dein Weg bis jetzt war. Wir erkennen jeden Einzelnen von euch an seinem Seelenstrahl.

Hohe Würdenträger, Avatar der Erde, Engel: Der Weckruf erschallt. Golden-orangene Flammen am zwölften Tor, GOLDEN und REGENBOGENFARBENE FLAMMEN AM ZWÖLFTEN TOR, DIE KODEWORTE SIND GENANNT, DER WECKRUF ERSCHALLT! Komm, reiche uns die Hand. Komm mit uns, Gott selbst führt dich nun in die VOLLKOMMENHEIT.

Und Gott spricht:

Avatar auf Erden,
Tochter, Sohn,
meine Schöpfung, der du bist meine Schöpfung.
Erkenne mich in dir.
Erkenne: Du und ich sind eins.
Lass zu, dass dein und mein Wille eins sind.
Du verlierst dich nicht,
du findest dich.
Komm an.
Komm an in dir.
Komm an zu Hause.
Lass mich wirken in dir,
dann bist du zu Hause

in deinem irdischen Körper.
Zu Hause.
Du musst deinen Körper nicht mehr verlassen.
Nein, Ziel dieser Inkarnation ist,
das Zuhause im irdischen Körper
auf Erden zu erleben.
Zu erschaffen mein Himmelreich auf Erden.
Zu Hause.
Tochter, Sohn,
ich erfahre mich durch dich.
Lass mich wirken durch dich.
Erinnere dich.
Erinnere dich, was du aufgeschrieben.
So wird es sein.
Du schaffst es.
Besiegst Ego und Schattenenergien.
Diesen Kampf kann ich dir nicht abnehmen,
da es so aufgeschrieben.
Aber auf der letzten Etappe der Transformation
darf ich die Reste transformieren,
die du nicht alleine bewältigen kannst.
Dann wirke ich mit meiner Gnadenenergie
und darf die Gesetzmäßigkeiten des Karmas aufheben,
die ihr euch aufgeschrieben habt.
Bitte immer wieder um meine Gnadenenergie.
Ich werde dir alles abnehmen.
Voraus geht der Erkenntnis- und Lernprozess,
damit du das Wissen des Lebens denen
weitergeben kannst, die folgen.

Du bist Pionier auf Erden.
So lautet dein Auftrag.
Und löst auf für andere,
sodass sie es leichter haben.
Erhellst mit deinem Licht den Planeten
und deine Mitmenschen.
Im Einklang mit deinem Seelenplan gehst
du jetzt zügig durch die Transformationen.
Du hattest schon eine lange Wegstrecke hinter dir.
Du gehst hindurch durch das 12. Tor,
das ich bereits für dich geöffnet habe.
Du gehst hinein in die Vollkommenheit.
Gehst in 121212.
Und ich, Gott-Vater, segne dich.
An meiner Seite Jesus,
Jeshua genannt,
in den geistigen Reichen Lord Sananda.
Und an meiner anderen Seite
Melek Metatron,
genannt DAS AUGE GOTTES.
Ich, Gott-VATER, segne dich,
überreiche dir die Weihe,
Pionier der Neuen Energie.
Überreiche dir die Weihe, Pionier der Neuen Energie,
der Vollkommenheit.
Du bist gesegnet und gefeiert.
Heerscharen angereist aus der Frequenz der Engel,
Würdenträger aus verschiedenen Universen,
aus der Sternensaat.

Eingetaucht in golden-blauem Licht,
erhältst du Pionier die Weihe.
Es ist vollbracht.
Willkommen in der Vollkommenheit.
Du hast dein Ego besiegt,
von Schattenenergien befreit.
Kannst wirken.
Bist im Einklang mit deinem Seelenplan.
Bist im Einklang mit dem höchsten
göttlichen Plan des Lichts.
Bist im Einklang mit meinem Willen.
Und der Planet Erde wird wieder der Planet
der Fülle und der Schönheit sein.
Der Planet des Friedens und der Liebe.
Seid in dieser Vision, auch wenn eure Bilder auf Erden
in der Dualität verwirrend sind.
Ihr wisst, welche Prozesse dahinterstecken.
Diese äußeren Bilder zeigen den Prozess an,
den ihr hinter euch hattet.
Jetzt bist du neu geboren,
und genauso wird die Menschheit neu geboren.
Deswegen lass dich nicht verwirren.
Du weißt, was ist.
Du weißt es.
Und durch dein Beispiel trägst du dazu bei,
dass die Schlafenden erwachen.
Schreite voran. Schreite voran.
AMIN NORA DE SAN
Dein und mein Wille sind eins.

Weißt du, was das bedeutet?
Die Freiheit.
Es ist die Freiheit.
AMIN NORA DE SAN
Mein und dein Wille sind eins.

☆☆☆☆☆

Nachwort

Die Suche nach uns selbst und der darauffolgende Entwicklungsprozess ist sicher kein leichtes Unterfangen. Der Läuterungsprozess ist die Phase im Leben, in der es gilt, all das loszulassen, was nicht gut für uns, nicht im Einklang mit unserem Seelenplan ist.

Umso wichtiger ist es, dass wir eine Begleitung haben, damit wir wissen, was in uns und im Außen passiert und keine Ängste aufkommen, denn mit ihnen laufen wir Gefahr, genau das zu leben, was wir befürchten.

Aus diesem Grund sind diese Bücher entstanden, damit das Wissen und die Erkenntnisse, die wir gesammelt haben, und, vor allem, die vielen Gespräche mit den Engeln und anderen geistigen Mentoren den Menschen helfen mögen!

So bildet unser aller Wirken einen Kreislauf und kehrt auf irgendeine wohltuende Weise wieder zu uns zurück. Aber erst einmal fließen die Informationen zu denen, die sie am nötigsten brauchen. Die Menschen, die Antworten auf ihre inneren Fragen suchen und sich nach der allumfassenden Heilung und Liebe sehnen.

Das Leben im Goldenen Zeitalter bietet unglaublich viel, sodass in allen Bereichen des Lebens Fülle entsteht.

In Band 8 geht es dann um die wichtigsten Themen überhaupt: bedingungslose Liebe, Gesundheit, Fülle in allen Bereichen, Leben mit dem Seelenpartner, Sinnlichkeit der Neuen Zeit, Vereinigung mit der Geistigen Welt, Galaktische Föderation des Lichts und vieles mehr.

Wir danken Ihnen für Ihr Vertrauen und wünschen Ihnen weiterhin viel Erfolg beim Umsetzen ihrer Herzenswünsche.

Viel Freude beim Lesen.

Sarinah Aurelia & Leila Eleisa Ayach

Über die Autorinnen

Sarinah Aurelia gab 2008 ihren Beruf auf, um mit ganzer Kraft für das Licht zu wirken. Es entstand ein lebhafter, lichtvoller und liebevoller Kontakt zu der Galaktischen Förderation des Lichts, den Erzengeln und geistigen Mentoren. Die Durchsagen bieten die Möglichkeit, die Hände denjenigen entgegenzustrecken, die uns mit Sehnsucht dort erwarten, wo einst der Ausgangspunkt für unsere Reise auf die Erde war.

Der spirituelle Weg beziehungsweise die spirituelle Suche von **Leila Eleisa Ayach** begann vor mehr als zwanzig Jahren, bedingt duch den frühen, unerwarteten Gang ihrer Mutter in die Geistige Welt.

Ihr Anliegen ist es, den Menschen zu helfen, wieder in Kontakt mit ihrem Seelenplan zu kommen. Sich wieder zu spüren und im Einklang mit der Seele und dem höchsten göttlichen Plan des Schöpfers zu leben.

Leila Eleisa Ayach

Seelenverträge - Absprachen in Liebe

152 Seiten, A5, broschiert

ISBN 978-3-941363-24-3

Wir fühlen uns oft machtlos einem Schicksal ausgeliefert, verstehen nicht, was mit uns geschieht, sind verwirrt, verzweifelt und traurig. Wir haben unsere Seelenverträge vergessen, nur:
Seelenverträge – was bedeutet das?
Jeder von uns hat sich vor seiner Inkarnation auf der Erde einen Seelenplan festgelegt, in dem jede Herausforderung festgeschrieben ist, die unsere geistige Entwicklung fördert und uns auf den Weg zum Erwachen führt. Die Geistige Welt weiß um unsere Ängste und Nöte, unsere Herausforderungen, aber auch um unsere Sehnsüchte, Ziele und Wünsche, und möchte uns helfen zu verstehen, warum wir bestimmte Erfahrungen in unserem Leben machen.
Letztendlich geht es darum, im Einklang mit der Schöpferkraft und dem höchsten göttlichen Plan des Lichts zu leben – und die Schöpferkraft voll und ganz im Leben wirken zu lassen.

Leila Eleisa Ayach

Seelenverträge Band 2 und 3

168 Seiten, A5, broschiert

ISBN 978-3-941363-44-1

Band 2: Die Bedeutung des spirituellen Mentors auf dem Weg zum Erwachen

„Dieses Mal habt ihr Hilfe in Form eines menschlichen Mentors, der vor euch den Weg gegangen ist und um die Tücken und Herausforderungen des spirituellen Wegs, die Läuterungsprozesse und um die Dunkelheit weiß, über die der Schleier des Vergessens bisher lag. Er begegnet euch zur rechten Zeit, wie es verabredet war, und er hilft euch zu erkennen, was Wirklichkeit und was Dualität ist."

Band 3: Jeshua und das Goldene Jerusalem

„Die Menschheit tritt ein in das Zeitalter des Goldenen Jerusalems, das symbolisch für den göttlich erwachten Menschen auf Erden steht. Es ist die Rückkehr des Menschen ins Paradies, in den Garten Eden. An dem Tag, an dem eine bestimmte Anzahl von Menschen weltweit erwacht ist, ist Lady Gaia geheilt. An diesem Tag habt ihr eine neue Erde und einen neuen Himmel."

Sarinah Aurelia

Seelenverträge Band 4 und 5

144 Seiten, A5, broschiert

ISBN 978-3-941363-77-9

Band 4: Die Übergangsphase

Viele Menschen sind längst eingetreten in die goldene Stadt, doch einige von euch sind noch nicht einmal erwacht. Das heißt, ihr befindet euch in der neuen Energie, und doch wieder nicht. Und wenn ihr aus der Schwingung gleitet, schmerzt euer Körper und eure Seele weint. Wir wissen das, daher möchten wir nun eingreifen, denn die Geistige Welt hat hier eine Planänderung vorgesehen.

Band 5: Die Geheimnisse, die in euch schlummern

In der Welt, in der ihr lebt, entstehen wieder neue Welten, uralte Welten, die ihr alle gekannt habt, als ihr noch Kinder wart.
Aber wie geht es weiter, fragt ihr? Ihr tragt die Lösungen in euch, ihr seid voller neuer Ideen. Ihr tragt euren Ursprung vereint mit dem SEIN in die Welt hinaus. Und wir nehmen euch wieder an die Hand, wir begleiten euch weiter durch diese Schriften. Es sind versteckte Kodes in ihnen enthalten, die deine Seele erkennt, und es geht für dich wieder eine Tür auf.

Leila Eleisa Ayach

Die Erbauer des Goldenen Zeitalters

Entstehung neuer Strukturen

112 Seiten, A5, broschiert, vierfarbig

ISBN 978-3-941363-87-8

Die Erbauer des Goldenen Zeitalters heißen Indigo-, Kristall- und Regenbogenkinder. Doch hier sind alle angesprochen, im Besonderen die Erwachsenen, ob sie Eltern sind oder nicht.
Die Kinder, die auf die Strukturen des Goldenen Zeitalters ausgerichtet sind, tragen Wissen und Lösungen in sich und verkörpern alle Eigenschaften des göttlich erwachten Menschen auf Erden. Durch ihr Sein erinnern sie uns immer wieder an unsere ureigenen Fähigkeiten, die wir längst vergessen haben. Es geht um die Zukunft dieses Planeten und die Erschaffung von weltweitem Wohlstand und Fülle. Eine große Vision wird hier beschrieben, es ist ein Weckruf für eine ganze Generation. Wir alle tragen einen wichtigen Mosaikstein für die neu entstehenden Strukturen in uns.